CÓMO SER OPTIMISTA

Cultivando el poder del pensamiento positivo.

El poder transformador del optimismo

Pedro Agüero Vallejo

Este libro es una obra de no ficción basada en las experiencias y el conocimiento del autor. Se ha hecho todo lo posible para asegurar la precisión de la información presentada. Sin embargo, el autor y el editor no asumen ninguna responsabilidad por errores, omisiones o interpretaciones incorrectas de los contenidos del libro. Los lectores deben consultar a un profesional adecuado para sus necesidades individuales.

Tabla de contenido

Introducción

En un mundo lleno de incertidumbres, dificultades y desafíos, todos necesitamos un faro que nos guíe hacia un camino de luz, esperanza y éxito. Ese faro, mi estimado lector, es el optimismo.

¿Qué es exactamente el optimismo? ¿Es simplemente una visión del mundo a través de lentes color de rosa, ignorando la realidad y sus aristas más duras? No, el optimismo va mucho más allá de eso. El optimismo es una herramienta poderosa que nos ayuda a enfrentar las adversidades de la vida, a tomar medidas y a transformar nuestros sueños y aspiraciones en realidades tangibles. Es una mentalidad que convierte los desafíos en oportunidades, los fracasos en aprendizajes y los miedos en esperanzas.

A través de las páginas de este libro, "CÓMO SER OPTIMISTA: Cultivando el poder del pensamiento positivo", te invito a embarcarte en un viaje de autoconocimiento y transformación. Un viaje en el que aprenderás cómo cultivar una mentalidad optimista, cómo superar el pesimismo y cómo aprovechar el poder transformador del optimismo en todas las áreas de tu vida: desde tu salud y bienestar, hasta tus relaciones y tu carrera.

No se trata de ignorar la realidad o rechazar las dificultades. Se trata de elegir una actitud positiva y optimista frente a la adversidad. Es acerca de creer en tus capacidades y fortalezas, de tener la confianza para perseguir tus metas y de saber que, no importa lo que la vida te lance, puedes y saldrás adelante.

A lo largo de este libro, encontrarás herramientas prácticas, consejos basados en la ciencia, y ejemplos inspiradores de personas que, como tú, decidieron tomar las riendas de su vida y cultivar una perspectiva más positiva. Cada capítulo te proporcionará un escalón más en tu escalera hacia el optimismo, una mentalidad que te permitirá no solo alcanzar tus objetivos, sino también mejorar tu bienestar y felicidad general.

Te invito a abrir tu mente y tu corazón al optimismo. A permitir que esta mentalidad positiva se convierta en tu nueva forma de vida. A cultivar el poder del pensamiento positivo y a experimentar su poder transformador.

Con cariño, Pedro Agüero Vallejo

Capítulo 1:
Introducción al Optimismo

Una visión general sobre lo que significa el optimismo, cómo puede impactar en nuestra vida y los beneficios de cultivar un pensamiento positivo.

El optimismo. Una palabra que ha estado en nuestro vocabulario desde tiempos inmemoriales, pero ¿qué significa realmente? A menudo, cuando pensamos en el optimismo, nos imaginamos a una persona que siempre está alegre, que ve el lado positivo de todas las cosas y que parece vivir en un mundo lleno de arcoíris y mariposas. Sin embargo, el optimismo es mucho más que eso.

El optimismo es una actitud hacia la vida, una mentalidad que nos permite afrontar los desafíos y adversidades con esperanza y confianza en un resultado positivo. Pero no se trata simplemente de ignorar los problemas o pintar una imagen rosada de una situación oscura. El verdadero optimismo se trata de reconocer la realidad, con sus altibajos, y aun así, mantener la creencia de que tenemos el poder de influir en los resultados y transformar nuestras circunstancias.

El poder del optimismo no debe ser subestimado. Innumerables estudios han demostrado que el optimismo puede tener un impacto significativo en nuestra salud, bienestar, relaciones y éxito. Los optimistas tienden a ser más felices, más resilientes y más exitosos en varias áreas de la vida. No es que sean inmunes a las dificultades o al dolor, sino que ven estas situaciones como temporales y superables, y no permiten que definan su valor o su futuro.

Pero ¿cómo puede el optimismo hacer esto? En el corazón del optimismo se encuentra la creencia en nuestra capacidad para influir en nuestras vidas. Cuando somos optimistas, creemos que nuestras acciones tienen un impacto, que somos capaces de aprender, crecer y evolucionar. Esta mentalidad nos permite ser proactivos, tomar medidas y perseverar, incluso cuando las cosas se ponen difíciles.

Cultivar un pensamiento positivo puede traernos múltiples beneficios. El optimismo puede mejorar nuestra salud física y mental, ya que reduce el estrés y promueve hábitos saludables. También puede fortalecer nuestras relaciones, ya que nos ayuda a ser más abiertos, comprensivos y apreciativos con los demás. Además, puede impulsar nuestra carrera y éxito personal, ya que nos permite establecer objetivos más altos, perseguirlos con confianza y ver los fracasos como oportunidades de aprendizaje en lugar de finales sin éxito.

A lo largo de este libro, aprenderás cómo cultivar una actitud optimista, cómo superar los pensamientos negativos y cómo aprovechar el poder del optimismo para transformar tu vida. Te invito a embarcarte en este emocionante viaje de autoexploración y crecimiento personal, y a descubrir el poder transformador del optimismo.

Los Fundamentos del Optimismo, su influencia en nuestras vidas y su vinculación directa con el éxito personal y profesional

Para adentrarnos en los fundamentos del optimismo, es necesario entenderlo más allá de la simple visión de que "todo irá bien". El optimismo es una filosofía de vida, una forma de interpretar el mundo y nuestras experiencias que nos lleva a esperar resultados favorables y a persistir en nuestras metas, independientemente de las dificultades.

Existen dos componentes claves en la base del optimismo: la esperanza y la confianza. La esperanza nos permite mirar al futuro con positividad, creer en las posibilidades y anhelar un resultado beneficioso. La confianza, por otro lado, es la seguridad en nuestras propias habilidades para enfrentar los desafíos y superar obstáculos. Estos dos elementos, combinados, forman el cimiento del optimismo.

La influencia del optimismo en nuestras vidas es multifacética. A nivel psicológico, nos proporciona un amortiguador contra el estrés y la adversidad. En lugar de desesperar ante los contratiempos, el optimista los ve como temporales y manejables, y por lo tanto es más capaz de abordarlos de manera efectiva. Esto, a su vez, lleva a una mejor salud mental, con menor riesgo de trastornos como la depresión y la ansiedad.

A nivel físico, el optimismo ha demostrado tener beneficios para la salud. Los estudios sugieren que los optimistas tienden a tener sistemas inmunológicos más fuertes y menor riesgo de enfermedades crónicas. Esto puede ser en parte porque los optimistas tienden a tener mejores hábitos de vida, como una alimentación saludable, ejercicio regular y un buen manejo del estrés.

A nivel social, el optimismo puede mejorar nuestras relaciones. Los optimistas tienden a ser más agradables, más cooperativos y más apreciados en sus grupos sociales y laborales. Esto puede llevar a amistades más sólidas, relaciones de pareja más duraderas y un mayor éxito en la carrera.

El éxito personal y profesional está directamente vinculado al optimismo. Los optimistas son más propensos a establecer y perseguir metas, a ver los fracasos como oportunidades de aprendizaje y a persistir frente a los obstáculos. Además, su actitud positiva puede influir en la manera en que los demás los perciben y tratan, lo que puede abrirles más oportunidades.

El éxito, tanto personal como profesional, no es un producto del azar. Por el contrario, está estrechamente ligado a cómo percibimos y nos enfrentamos al mundo. En este sentido, el optimismo emerge como un potente aliado.

Los optimistas poseen una ventaja crucial: una predisposición a establecer y perseguir metas. Al tener una perspectiva positiva del futuro, son capaces de visualizar sus deseos y convertirlos en objetivos concretos. Pero la fuerza del optimismo no se queda solo en la definición de las metas; se extiende a todo el proceso de su consecución. El optimista no se desalienta ante los desafíos, al contrario, los ve como escalones necesarios en su camino hacia el éxito, lo que le permite persistir y mantener la motivación incluso en tiempos difíciles.

Esta actitud proactiva y perseverante es crucial en el ámbito profesional. En un mundo laboral cada vez más competitivo y cambiante, aquellos que demuestran resiliencia y capacidad para adaptarse son los que sobresalen. El optimismo no solo fomenta estas cualidades, sino que también promueve una mayor disposición para asumir riesgos y explorar nuevas oportunidades, habilidades altamente valoradas en el entorno laboral.

Sin embargo, el poder del optimismo no se limita a la autopercepción o al autodesarrollo. También influye en cómo nos perciben los demás. Una actitud optimista puede ser contagiosa, inspirando a quienes nos rodean y generando un ambiente de trabajo más positivo y productivo. Además, los optimistas suelen ser vistos como líderes naturales, capaces de motivar y guiar a otros, lo cual puede abrirles las puertas a nuevas oportunidades y responsabilidades.

En el plano personal, la visión optimista de los fracasos como oportunidades de aprendizaje permite una continua evolución y crecimiento. En lugar de quedar atrapados en la decepción o la autocrítica destructiva, los optimistas extraen lecciones valiosas de sus errores y utilizan estos aprendizajes para mejorar y avanzar. Esto es especialmente útil en la construcción de relaciones personales sólidas y duraderas, en las que la capacidad para adaptarse, aprender y seguir adelante es fundamental.

En definitiva, el optimismo es mucho más que un pensamiento positivo. Es una mentalidad que impulsa la acción, favorece la resiliencia y propicia el éxito. Al cultivarlo, no solo mejoramos nuestro bienestar y felicidad, sino que también fortalecemos nuestras capacidades y potencial, abriéndonos las puertas a un futuro lleno de posibilidades y logros.

Así que, el optimismo no es solo una visión positiva de la vida. Es una poderosa herramienta que puede mejorar nuestra salud mental y física, fortalecer nuestras relaciones, e impulsar nuestro éxito personal y profesional. Al cultivar el optimismo, podemos transformar nuestras vidas de formas que quizás nunca hayamos imaginado.

Capítulo 2:
Pesimismo: El Obstáculo Invisible

Si el optimismo es el motor que nos impulsa hacia adelante, el pesimismo es el freno invisible que nos retiene. Este no es más que una mentalidad que se centra en las dificultades, los problemas y las limitaciones, y que tiende a esperar resultados negativos. Mientras que el optimismo nos abre puertas, el pesimismo construye muros.

El pesimismo puede ser un obstáculo formidable en nuestro camino hacia el éxito personal y profesional. Cuando somos pesimistas, tendemos a ver el vaso medio vacío, a concentrarnos en lo que puede salir mal en lugar de en las posibilidades y oportunidades que pueden surgir. Esta visión negativa puede limitar nuestra capacidad para tomar riesgos, buscar nuevas experiencias y perseguir nuestras metas.

Además, el pesimismo puede tener un impacto perjudicial en nuestra salud y bienestar. La constante expectativa de negatividad puede generar estrés y ansiedad, y puede llevarnos a descuidar nuestras necesidades físicas y emocionales. Asimismo, puede afectar nuestras relaciones, ya que los demás pueden encontrar desalentador nuestro constante enfoque en lo negativo.

A nivel profesional, el pesimismo puede impedirnos progresar y alcanzar nuestros objetivos. Si esperamos que nuestros esfuerzos no tengan éxito, es posible que no nos esforcemos tanto como podríamos, o que evitemos por completo oportunidades de crecimiento. Esto puede llevarnos a quedar atrapados en una rutina, sin la motivación o el deseo de avanzar.

Pero ¿significa esto que estamos condenados a ser pesimistas? Afortunadamente, no. El pesimismo no es un rasgo inmutable, sino una mentalidad que podemos cambiar. Y eso es precisamente lo que aprenderemos a hacer en los siguientes capítulos.

En este viaje para cultivar el optimismo, el primer paso es reconocer y entender nuestro pesimismo. Al hacerlo, podremos identificar cómo esta mentalidad nos está frenando y qué podemos hacer para superarla. Con el tiempo, aprenderemos a reemplazar nuestros pensamientos negativos por otros más positivos y a ver los desafíos como oportunidades para aprender y crecer.

Así que, si te sientes atrapado en una mentalidad pesimista, te invito a seguir adelante. Juntos, podemos derribar el muro invisible del pesimismo y abrir la puerta a un futuro más optimista y lleno de posibilidades.

Un análisis de cómo el pesimismo puede detenernos y por qué es fundamental tomar medidas para convertirlo en pensamientos positivos.

El pesimismo puede funcionar como un lastre en nuestras vidas, frenándonos y limitando nuestro potencial. La visión negativa del mundo y del futuro puede convertirse en una profecía auto cumplida. Si esperamos que ocurra lo peor, puede que terminemos actuando de maneras que hagan realidad nuestros temores. Así, el pesimismo puede atraparnos en un ciclo de negatividad y fracaso que nos impide avanzar.

El impacto del pesimismo es amplio. Puede afectar nuestra salud física y mental, nuestras relaciones y nuestro desempeño profesional. Los pensamientos negativos pueden generar estrés, ansiedad y depresión, y pueden llevarnos a descuidar nuestra salud y bienestar. En nuestras relaciones, el pesimismo puede crear tensiones y conflictos, y puede alejar a las personas. En el trabajo, puede limitar nuestra creatividad, productividad y capacidad para asumir riesgos y buscar nuevas oportunidades.

Pero, ¿por qué es tan importante convertir el pesimismo en pensamientos positivos? En primer lugar, porque el optimismo puede contrarrestar los efectos nocivos del pesimismo. Al centrarnos en lo positivo, podemos reducir el estrés y la ansiedad, mejorar nuestro estado de ánimo y bienestar, y aumentar nuestra motivación y energía.

Convertir el pesimismo en pensamientos positivos es crucial para nuestra salud, felicidad y éxito. Al adoptar una mentalidad optimista, no solo podemos contrarrestar los efectos nocivos del pesimismo, sino también desbloquear nuestro potencial y vivir una vida más plena y satisfactoria. Es un camino que vale la pena recorrer.

El optimismo y los pensamientos positivos tienen un profundo impacto en nuestra vida diaria, en cómo enfrentamos desafíos y cómo interactuamos con los demás. Convertir el pesimismo en pensamientos positivos es crucial por varias razones:

Salud Mental y Física: La forma en que pensamos sobre nosotros mismos y el mundo puede tener un impacto significativo en nuestra salud mental y física. Los pensamientos negativos crónicos, que son un sello distintivo del pesimismo, pueden llevar a niveles elevados de estrés y ansiedad. En el extremo, estos pueden resultar en trastornos mentales como la depresión.

Además, estudios han demostrado que el estrés y la ansiedad crónicos pueden contribuir a una variedad de problemas de salud física, desde enfermedades cardíacas hasta debilitamiento del sistema inmunológico. Al adoptar una mentalidad optimista y centrarnos en pensamientos positivos, podemos reducir nuestros niveles de estrés y ansiedad, promoviendo un mejor estado de salud tanto mental como física.

Bienestar Emocional: El optimismo puede mejorar enormemente nuestro bienestar emocional. Los pensamientos positivos generan emociones positivas, las cuales a su vez aumentan nuestra satisfacción con la vida, nuestra autoestima y nuestro sentido de propósito. Al cultivar una mentalidad optimista, podemos mejorar nuestra calidad de vida y experimentar más felicidad y contentamiento.

Motivación y Energía: Nuestra mentalidad tiene un impacto directo en nuestra motivación y energía. Los pensamientos negativos pueden drenar nuestra energía y minar nuestra motivación, lo que a su vez puede limitar nuestro desempeño y productividad. En contraste, los pensamientos positivos pueden aumentar nuestra energía y motivación, impulsándonos a tomar acciones y perseguir nuestras metas. Al centrarnos en lo positivo, podemos tener un mejor rendimiento en nuestras actividades y lograr más de lo que creíamos posible.

En segundo lugar, porque el optimismo puede ser una poderosa herramienta para el éxito. Los pensamientos positivos pueden impulsarnos a establecer y perseguir nuestras metas, a ver los desafíos como oportunidades de aprendizaje y a persistir frente a los obstáculos. Pueden mejorar nuestras relaciones y abrirnos nuevas oportunidades en el trabajo. En definitiva, pueden transformar nuestra visión del mundo y de nosotros mismos, y ayudarnos a alcanzar nuestro máximo potencial.

Transformar el pesimismo en pensamientos positivos no es un proceso fácil ni rápido. Requiere compromiso, esfuerzo y paciencia. Pero las recompensas son invaluables. Al cultivar el optimismo, podemos liberarnos de las cadenas del pesimismo, superar nuestras limitaciones y abrirnos a un mundo de posibilidades y oportunidades. Por eso, te invito a embarcarte en este viaje de transformación. Porque, como decía el filósofo Voltaire, "he decidido ser feliz porque es bueno para la salud".

Capítulo 3:
El Optimismo y la Ciencia del Éxito

El optimismo es más que una mera actitud positiva. Es una mentalidad que puede empoderarnos y ayudarnos a alcanzar el éxito en diferentes áreas de nuestras vidas. Al entender y aplicar la ciencia del optimismo, podemos cultivar una perspectiva que no solo nos permita superar los desafíos, sino también alcanzar nuestros sueños y metas. En los siguientes capítulos, exploraremos estrategias y técnicas para desarrollar y fortalecer nuestra mentalidad optimista. ¡Sigamos adelante en este viaje hacia el optimismo y el éxito!

Es común escuchar que el optimismo es bueno para nuestra salud mental y física. Nos ayuda a enfrentar desafíos, nos da la esperanza de que las cosas pueden mejorar y nos impulsa a perseguir nuestras metas. Pero, ¿qué dice la ciencia sobre el optimismo y su relación con el éxito?

Diversos estudios científicos han explorado esta relación y los resultados son fascinantes. Primero, cabe destacar que el optimismo no se trata simplemente de tener una visión ingenua y despreocupada del mundo. Más bien, se trata de una perspectiva que permite a las personas mantenerse firmes y perseverar en tiempos difíciles, y a la vez, reconocer y aprovechar las oportunidades cuando estas se presentan.

Los científicos han descubierto que el optimismo puede ser un potente predictor de éxito en diversas áreas de la vida. En el ámbito laboral, por ejemplo, los estudios han mostrado que las personas optimistas suelen tener un mejor rendimiento, mayor satisfacción en el trabajo y son más propensas a progresar en sus carreras. Esto se debe a que los optimistas tienden a ver los desafíos como oportunidades de aprendizaje y crecimiento, en lugar de como obstáculos insuperables.

En el ámbito personal, el optimismo puede desempeñar un papel crucial en el logro de nuestras metas. Los optimistas suelen establecer metas más altas para sí mismos, buscar estrategias más efectivas para alcanzarlas y perseverar más en sus esfuerzos. Además, son más resistentes frente al fracaso y tienen más probabilidades de intentarlo de nuevo después de un revés.

Finalmente, el optimismo puede tener un impacto significativo en nuestra salud. Los investigadores han encontrado que las personas optimistas suelen tener una mejor salud y una mayor longevidad. Esto puede deberse a que los optimistas tienen una mejor capacidad para manejar el estrés, y también son más propensos a llevar estilos de vida saludables.

La Psicología del Optimismo

Exploración de la psicología y la neurociencia detrás del optimismo y cómo nuestro cerebro responde a los pensamientos positivos y negativos.

La psicología y la neurociencia del optimismo nos ofrecen valiosas perspectivas sobre cómo nuestros pensamientos y creencias pueden influir en nuestro bienestar y éxito. Al entender y aplicar estos conocimientos, podemos tomar medidas para cultivar una mentalidad optimista y para vivir una vida más positiva y satisfactoria.

El optimismo es una parte integral de la psicología humana y es uno de los muchos factores que contribuyen a nuestro bienestar general y a la manera en que percibimos el mundo que nos rodea. La psicología del optimismo se centra en cómo nuestras creencias, actitudes y expectativas pueden influir en nuestra salud y felicidad, así como en nuestra capacidad para afrontar desafíos y alcanzar nuestras metas.

El optimismo tiene su base en nuestras creencias sobre nosotros mismos y sobre el mundo. Si creemos que somos capaces de influir positivamente en nuestras vidas y que el futuro nos depara cosas buenas, es más probable que nos sintamos motivados para perseguir nuestras metas y que seamos resilientes frente a los obstáculos. Estas creencias optimistas pueden ayudarnos a mantener una actitud positiva, a manejar mejor el estrés y a tener una mayor satisfacción en la vida.

La neurociencia detrás del optimismo es igualmente fascinante. Nuestro cerebro responde de manera diferente a los pensamientos positivos y negativos. Cuando tenemos pensamientos positivos, nuestro cerebro libera neurotransmisores como la dopamina y la serotonina, que nos hacen sentir bien y nos motivan a tomar medidas. Estos neurotransmisores también pueden mejorar nuestra capacidad para pensar con claridad, tomar decisiones y resolver problemas.

En contraste, los pensamientos negativos pueden provocar la liberación de hormonas del estrés como el cortisol, que pueden afectar negativamente nuestra salud y bienestar. Sin embargo, es importante destacar que no se trata de evitar por completo los pensamientos negativos, que pueden ser útiles para identificar problemas y riesgos. En lugar de eso, se trata de aprender a manejar estos pensamientos y a mantener una perspectiva equilibrada y optimista.

Además, la neuroplasticidad, la capacidad del cerebro para cambiar y adaptarse, juega un papel clave en el optimismo. A través de la práctica y la repetición, podemos entrenar nuestro cerebro para ser más optimista. Al cultivar pensamientos y actitudes positivas, podemos fortalecer las conexiones neuronales asociadas con el optimismo y debilitar las conexiones asociadas con el pesimismo. Esto significa que el optimismo es una habilidad que podemos desarrollar y mejorar con el tiempo.

Estudio de la relación entre el optimismo, la neurociencia y su impacto en nuestras decisiones y resultados.

La relación entre el optimismo, la neurociencia y su impacto en nuestras decisiones y resultados es un área de interés para muchos científicos y psicólogos. El optimismo no sólo nos hace sentir mejor con nosotros mismos, sino que también tiene un efecto tangible en la forma en que tomamos decisiones y logramos resultados.

Desde el punto de vista de la neurociencia, el optimismo está asociado con ciertas actividades y patrones cerebrales. En particular, las regiones del cerebro asociadas con la recompensa y la motivación, como el núcleo accumbens y la corteza prefrontal, son particularmente activas cuando somos optimistas. Estas áreas del cerebro liberan neurotransmisores como la dopamina, que están vinculados con las emociones positivas y el bienestar general.

La neurociencia también ha demostrado que el cerebro es muy plástico - es decir, puede cambiar y adaptarse a nuevas experiencias. Esto es especialmente relevante para el optimismo, ya que significa que podemos entrenar nuestro cerebro para ser más optimista a través de la práctica y la repetición. Por ejemplo, al cultivar activamente pensamientos y actitudes positivas, podemos reforzar las conexiones neuronales asociadas con el optimismo en nuestro cerebro.

En cuanto al impacto del optimismo en nuestras decisiones y resultados, las investigaciones sugieren que las personas optimistas tienden a tomar decisiones más beneficiosas para ellos. Por ejemplo, son más propensos a tomar decisiones de salud positivas, como seguir una dieta saludable o hacer ejercicio regularmente. También es más probable que se esfuercen por alcanzar sus metas y que persistan ante los obstáculos, lo que a menudo conduce a mejores resultados.

Además, el optimismo puede tener un impacto en cómo percibimos y respondemos a los eventos de la vida. Los optimistas tienden a interpretar los eventos negativos de una manera menos personal y más temporal, lo que les ayuda a recuperarse más rápidamente del estrés y las dificultades. Esto puede ser especialmente beneficioso en tiempos de adversidad, ya que puede ayudar a las personas a mantener la esperanza y a seguir adelante.

Capítulo 4:
Salud y Optimismo: La Conexión Indisoluble

Si has estado buscando formas de mejorar tu salud, te animo a que consideres el poder del optimismo. Es cierto, tu actitud puede tener un impacto directo y significativo en tu bienestar físico. De hecho, numerosos estudios científicos han demostrado que los optimistas tienden a disfrutar de una mejor salud que los pesimistas. Pero, ¿cómo es posible que algo tan intangible como tu perspectiva de la vida pueda influir en algo tan físico como tu salud? Te invito a explorar esto conmigo en este capítulo.

Primero, consideremos cómo el optimismo puede ayudarte a tomar mejores decisiones de salud. Los optimistas suelen tener un sentido más fuerte de autoeficacia; creen que tienen control sobre su vida y que sus acciones pueden marcar una diferencia. Por lo tanto, es más probable que se esfuercen por mantener un estilo de vida saludable, haciendo ejercicio regularmente, comiendo bien y durmiendo lo suficiente. Estas decisiones contribuyen directamente a una mejor salud.

En segundo lugar, el optimismo puede ayudarte a manejar el estrés de manera más efectiva. Todos sabemos que el estrés crónico puede ser perjudicial para la salud, contribuyendo a una amplia gama de problemas, desde enfermedades del corazón hasta debilitamiento del sistema inmunológico.

Los optimistas suelen ser mejores para manejar el estrés, ya que suelen ver los problemas como temporales y superables, en lugar de permanentes e inmanejables. Esto puede ayudar a reducir los efectos perjudiciales del estrés en su cuerpo.

Los optimistas tienen una ventaja cuando se trata de manejar el estrés. Ven los problemas como temporales y superables, lo que les permite enfrentar los desafíos con confianza en lugar de desesperación. Este enfoque puede ayudarles a reducir el estrés y sus efectos perjudiciales en la salud, y a utilizar el estrés como un catalizador para el crecimiento personal y la superación. Al cultivar un enfoque optimista de la vida, podemos aprender a manejar mejor el estrés y a mejorar nuestra salud y bienestar en general. Como siempre digo, tu vida sólo mejora cuando tú mejoras, y aprender a manejar el estrés con optimismo es un paso crucial en esa dirección.

Vivimos en un mundo lleno de desafíos y adversidades que pueden generar estrés, pero una mentalidad optimista puede ayudarnos a manejar mejor estas circunstancias. Los optimistas afrontan el estrés de manera más efectiva porque tienden a percibir los problemas como temporales y superables, no como obstáculos insuperables o permanentes. Esta perspectiva puede no solo aliviar nuestra carga mental, sino también mitigar los efectos perjudiciales del estrés en nuestro cuerpo.

Los optimistas enfrentan el estrés con lo que los psicólogos llaman "atribución optimista". En lugar de ver un contratiempo como una falla personal y permanente, lo ven como un incidente aislado que puede ser superado con esfuerzo y perseverancia. Esta actitud les permite manejar mejor el estrés, porque en lugar de sentirse impotentes, ven el problema como un desafío que pueden superar.

Pensemos en la diferencia entre los diálogos internos de una persona optimista y una pesimista frente a un desafío. El pesimista podría pensar: "Esto es demasiado difícil. Nunca podré superarlo. Soy un fracaso". Por otro lado, el optimista podría pensar: "Esto es un desafío, pero estoy seguro de que puedo superarlo con esfuerzo y dedicación. He superado obstáculos antes y puedo hacerlo de nuevo". Este tipo de pensamiento puede ayudar a disminuir la ansiedad y aumentar la confianza en las propias capacidades para manejar la situación.

La forma en que los optimistas manejan el estrés también tiene un impacto directo en su salud física. El estrés crónico puede tener efectos dañinos en el cuerpo, incluyendo un sistema inmunológico debilitado, aumento de la presión arterial, enfermedades del corazón y problemas de salud mental como la depresión y la ansiedad.

Sin embargo, cuando los optimistas enfrentan situaciones estresantes, a menudo recurren a estrategias de afrontamiento más saludables y efectivas. Pueden buscar apoyo social, hacer ejercicio, meditar o utilizar técnicas de relajación para ayudar a reducir su nivel de estrés. Al manejar el estrés de una manera más saludable, pueden mitigar algunos de estos efectos negativos en su salud.

Además, los optimistas también pueden tener un mejor rendimiento bajo presión. Si bien el estrés puede ser perjudicial cuando es crónico, un cierto nivel de estrés puede ser beneficioso para motivarnos y ayudarnos a rendir al máximo. Los optimistas pueden utilizar el estrés como un motivador para trabajar más duro y superarse a sí mismos. A menudo ven el estrés no como una amenaza, sino como un desafío que pueden superar.

La neurociencia ha demostrado que el optimismo puede tener un impacto directo en la salud a nivel celular. Cuando adoptamos una actitud positiva, nuestro cerebro libera una cascada de sustancias químicas positivas, como la dopamina y la oxitocina, que pueden fortalecer nuestro sistema inmunológico, acelerar la curación y mejorar la salud del corazón.

Por último, quiero mencionar que la adopción de una actitud optimista puede tener un efecto multiplicador en tu salud. Cuanto más optimista te vuelves, más fácil es mantener un estilo de vida saludable, manejar el estrés y disfrutar de una buena salud en general.

Entonces, ¿estás listo para dar el paso y empezar a cultivar un enfoque más optimista de la vida? Recuerda, como siempre digo, tu vida sólo mejora cuando tú mejoras. Y ser optimista es un paso poderoso en la dirección correcta. Así que, a medida que avanzamos en este libro, te animo a que abraces el poder del pensamiento positivo y veas por ti mismo cómo puede transformar tu salud.

El optimismo, caracterizado por una visión general positiva de la vida y una creencia en resultados favorables, es una actitud que tiene implicaciones profundas en cómo manejamos el estrés. Cuando enfrentamos desafíos, los optimistas tienden a ver los problemas como situaciones temporales y superables, en lugar de considerarlos como obstáculos permanentes e inmanejables. Esta perspectiva tiene un efecto directo en la forma en que su cuerpo responde al estrés y puede ayudar a mitigar los impactos perjudiciales del estrés en la salud.

Es crucial entender que el estrés no es intrínsecamente malo. Es una respuesta natural y necesaria del cuerpo a las situaciones desafiantes. El problema surge cuando el estrés se vuelve crónico. En ese caso, la respuesta de "lucha o huida" del cuerpo, que libera hormonas del estrés como el cortisol, puede tener efectos perjudiciales para la salud, incluyendo enfermedades del corazón.

Examinar cómo el optimismo puede influir positivamente en nuestra salud física y mental, fortaleciendo nuestro bienestar general.

El optimismo puede tener un impacto positivo en nuestra salud física y mental, mejorando nuestro bienestar general. Al adoptar una actitud optimista, podemos mejorar nuestra resistencia al estrés, prevenir enfermedades y disfrutar de una vida más larga y satisfactoria. Sin embargo, es importante recordar que el optimismo debe ser realista. Ignorar los problemas o rechazar los aspectos negativos de la vida no es saludable ni útil. En su lugar, debemos esforzarnos por mantener una actitud positiva mientras enfrentamos de manera efectiva los desafíos y dificultades que se presentan en nuestro camino.

El optimismo, definido como la expectativa general de que las cosas saldrán bien, puede influir de manera significativa en nuestra salud física y mental, desempeñando un papel esencial en nuestro bienestar general. Aquí hay algunas formas en que el optimismo puede impactar positivamente nuestra salud:

Salud física:

Sistema Inmunológico: Varios estudios han demostrado que los optimistas tienden a tener sistemas inmunológicos más fuertes. Esta actitud positiva se asocia con una mayor resistencia a las infecciones y una recuperación más rápida en caso de enfermedad.

Nuestro sistema inmunológico es un complejo sistema de defensa que protege nuestro cuerpo de virus, bacterias y otras amenazas. Es nuestra principal línea de defensa contra las enfermedades y juega un papel crucial en la protección de nuestra salud. Sin embargo, es importante saber que nuestro sistema inmunológico no solo es afectado por factores físicos como la dieta y el ejercicio, sino también por factores psicológicos como nuestras actitudes y emociones.

Entre estos factores psicológicos, el optimismo ha demostrado tener un impacto positivo en la función del sistema inmunológico. Los estudios han encontrado que las personas con una actitud positiva suelen tener sistemas inmunológicos más fuertes y son más resistentes a las infecciones. Esta mayor resistencia puede atribuirse a cómo nuestra mente y cuerpo interactúan.

El estrés crónico, por ejemplo, puede tener un efecto perjudicial en nuestro sistema inmunológico, disminuyendo su capacidad para luchar contra las infecciones. Los optimistas, sin embargo, tienden a manejar el estrés de manera más efectiva. Ven los desafíos como oportunidades para aprender y crecer, en lugar de amenazas abrumadoras. Esta perspectiva puede ayudar a reducir los niveles de estrés, lo que a su vez puede ayudar a mantener el sistema inmunológico funcionando eficazmente.

Además, los optimistas también pueden tener hábitos de vida más saludables, que contribuyen a un sistema inmunológico fuerte. Suelen seguir una dieta equilibrada, hacer ejercicio regularmente y dormir lo suficiente, factores todos ellos que son clave para la salud inmunológica.

Finalmente, el optimismo puede promover una recuperación más rápida en caso de enfermedad. Al mantener una actitud positiva, los optimistas pueden ser más proactivos en su cuidado y recuperación. Pueden seguir más de cerca las recomendaciones de los médicos, tomar sus medicamentos según lo prescrito y hacer los cambios necesarios en su estilo de vida para apoyar su recuperación.

Salud cardiovascular: Los optimistas son menos propensos a desarrollar enfermedades del corazón. Al enfrentar los desafíos con una actitud positiva, son menos propensos a experimentar estrés crónico, un factor que puede contribuir a la enfermedad cardiovascular.

El corazón es uno de nuestros órganos más vitales, y mantenerlo sano es esencial para nuestra supervivencia y calidad de vida. Sin embargo, nuestras emociones y actitudes, como el optimismo, pueden jugar un papel sorprendentemente significativo en nuestra salud cardiovascular.

Los optimistas tienden a ser menos propensos a desarrollar enfermedades del corazón. Varias investigaciones han demostrado que las personas que mantienen una actitud positiva y esperanzada hacia la vida tienen menos probabilidades de sufrir de enfermedades cardiovasculares, incluso después de tener en cuenta otros factores de riesgo como la edad, el sexo, la dieta y el tabaquismo.

¿Cómo puede el optimismo proteger nuestro corazón? La respuesta puede estar en la forma en que los optimistas manejan el estrés. El estrés es una parte inevitable de la vida, pero cómo reaccionamos a él puede tener un gran impacto en nuestra salud. El estrés crónico, aquel que persiste durante largos periodos, puede poner una presión considerable en nuestro corazón, aumentando el riesgo de hipertensión y enfermedades del corazón.

Los optimistas, sin embargo, tienden a afrontar el estrés de manera más efectiva. En lugar de ver los desafíos y contratiempos como amenazas insuperables, los ven como obstáculos temporales que pueden superar. Esta perspectiva puede ayudarles a manejar el estrés de manera más efectiva, evitando la respuesta de "lucha o huida" que puede tensar el corazón y los vasos sanguíneos.

Además, los optimistas son más propensos a llevar un estilo de vida saludable, que es fundamental para la salud del corazón. Suelen seguir una dieta equilibrada, hacer ejercicio regularmente y mantener un peso saludable, hábitos todos ellos que contribuyen a la salud cardiovascular.

Por último, los optimistas también pueden tener una mejor adherencia al tratamiento en caso de enfermedad. Su actitud positiva puede ayudarles a seguir las recomendaciones de los médicos, tomar sus medicamentos según lo prescrito y hacer los cambios necesarios en su estilo de vida para apoyar su recuperación.

Longevidad: El optimismo puede estar vinculado a una vida más larga. Los estudios han encontrado que las personas optimistas tienen una mayor expectativa de vida, incluso después de controlar otros factores como la edad, el sexo, la actividad física, y los hábitos de fumar y beber.

La búsqueda de la longevidad ha sido un anhelo de la humanidad desde tiempos inmemoriales. Si bien la genética y los hábitos de vida saludables desempeñan un papel crucial en nuestra esperanza de vida, investigaciones recientes han descubierto que nuestra actitud mental, y más específicamente, el optimismo, también puede tener un impacto significativo.

Los estudios científicos han descubierto que las personas con una actitud optimista hacia la vida tienden a vivir más tiempo que sus contrapartes pesimistas. Esta relación entre el optimismo y la longevidad se mantiene incluso después de ajustar otros factores importantes que pueden influir en la esperanza de vida, como la edad, el sexo, los hábitos de actividad física y el consumo de tabaco y alcohol.

¿Cómo puede el optimismo contribuir a una vida más larga? Hay varias explicaciones posibles. Primero, el optimismo puede mejorar nuestra capacidad para manejar el estrés. Los optimistas tienden a ver los desafíos como oportunidades para aprender y crecer, en lugar de amenazas abrumadoras. Este enfoque puede ayudar a aliviar el impacto del estrés en nuestro cuerpo y mente, lo cual puede tener beneficios a largo plazo para nuestra salud y longevidad.

Además, los optimistas suelen llevar estilos de vida más saludables. Son más propensos a seguir una dieta equilibrada, hacer ejercicio regularmente y dormir lo suficiente, factores todos ellos que son cruciales para la longevidad.

El optimismo también puede tener un impacto directo en nuestra salud física. Los optimistas tienden a tener sistemas inmunológicos más fuertes y son menos pro- pensos a sufrir de enfermedades crónicas, ambas ca- racterísticas que pueden contribuir a una vida más larga.

Por último, el optimismo puede promover una mejor adherencia al tratamiento médico. Las personas con una actitud positiva pueden ser más proactivas en su cuidado de salud y seguir más de cerca las recomendaciones de los médicos, lo que puede resultar en mejores resultados de salud a largo plazo.

Salud mental:

Resiliencia: Los optimistas suelen ser más resilientes frente a las adversidades y los contratiempos. Ven los desafíos como oportunidades de crecimiento y aprendizaje, lo que les ayuda a recuperarse más rápidamente del estrés y la adversidad.

La resiliencia, la capacidad de recuperarse de las dificultades o adaptarse a los cambios, es un componente esencial de una vida exitosa y satisfactoria. A lo largo de nuestras vidas, todos enfrentamos desafíos, contratiempos y adversidades. Sin embargo, cómo respondemos a estas situaciones puede marcar una gran diferencia en nuestro bienestar general y nuestro éxito en la vida. Aquí es donde el optimismo entra en juego.

Los optimistas tienden a ser más resilientes frente a las adversidades. En lugar de sentirse abrumados por los contratiempos, los ven como oportunidades para aprender y crecer. En lugar de centrarse en lo que ha ido mal, se centran en lo que pueden hacer para mejorar la situación. Esta perspectiva puede ayudarles a recuperarse más rápidamente del estrés y la adversidad, a mantener su bienestar mental y a seguir avanzando hacia sus metas.

Además, los optimistas son más propensos a adoptar estrategias de afrontamiento activas y efectivas. En lugar de evitar los problemas o negar su existencia, se enfrentan a ellos de frente, buscan soluciones y toman medidas para resolverlos. Esta proactividad puede ayudarles a manejar el estrés de manera más efectiva y a minimizar su impacto negativo en su vida.

Los optimistas también tienden a tener una mayor confianza en sus habilidades y capacidades. Creer en uno mismo puede ser un potente motivador para superar los obstáculos y alcanzar nuestras metas. Cuando confiamos en nuestras habilidades, es más probable que persistamos en nuestras metas a pesar de los contratiempos y que busquemos nuevas soluciones a los problemas que enfrentamos.

Por último, el optimismo puede fortalecer nuestras relaciones y redes de apoyo. Los optimistas suelen ser personas más agradables con las que estar, lo que puede atraer a otras personas hacia ellos y fortalecer sus redes sociales. Tener un fuerte apoyo social puede ser un recurso valioso cuando enfrentamos dificultades y desafíos.

Menor riesgo de depresión: Los optimistas tienen un riesgo menor de sufrir de depresión. Su perspectiva positiva de la vida les ayuda a ver los problemas como temporales y manejables, lo que puede ayudarles a prevenir el desarrollo de trastornos del estado de ánimo.

Fomentar una actitud optimista puede ser una herramienta poderosa en la prevención de la depresión. Al mantener una perspectiva positiva y manejar eficazmente nuestros problemas, podemos reducir nuestro riesgo de sufrir trastornos del estado de ánimo y mejorar nuestra salud mental general.

La depresión es un problema grave de salud mental que afecta a millones de personas en todo el mundo. Se caracteriza por sentimientos persistentes de tristeza, pérdida de interés en las actividades, dificultades para dormir, y una variedad de otros síntomas físicos y emocionales. Aunque los factores que contribuyen a la depresión son complejos y multifacéticos, estudios recientes sugieren que el optimismo puede jugar un papel importante en su prevención.

Los optimistas, con su perspectiva positiva de la vida, tienen un riesgo significativamente menor de sufrir de depresión. La razón de esto es bastante sencilla: los optimistas tienden a ver los problemas como temporales, específicos y manejables, en lugar de permanentes, omnipresentes e inmanejables. Esta visión del mundo les ayuda a mantener una perspectiva equilibrada y a prevenir el desarrollo de pensamientos y emociones negativas.

Por ejemplo, si un optimista fracasa en una tarea, es más probable que lo vea como un contratiempo temporal o un problema específico que puede resolverse, en lugar de como un reflejo de su capacidad general o valor como persona. Esta visión puede ayudarles a evitar el tipo de pensamientos negativos que pueden desencadenar la depresión.

Además, los optimistas suelen tener mejores habilidades de afrontamiento. Son más propensos a buscar soluciones activas a sus problemas, a pedir ayuda cuando la necesitan, y a mantener un estilo de vida saludable. Estas estrategias pueden ser de gran ayuda para prevenir y manejar los síntomas de la depresión.

El optimismo también puede ayudar a fortalecer nuestras redes sociales y relaciones, que son factores importantes en nuestra salud mental. Las personas optimistas suelen ser más agradables para estar con ellas y atraen a otras personas, lo que puede resultar en un mayor apoyo social. Este apoyo puede ser un recurso valioso para manejar el estrés y prevenir la depresión.

Satisfacción con la vida: El optimismo también está vinculado a una mayor satisfacción con la vida. Las personas optimistas tienden a valorar más positivamente su vida, lo que puede contribuir a su felicidad y bienestar mental.

La satisfacción con la vida es una medida del bienestar subjetivo que se refiere a cómo las personas evalúan su propia vida. Es un componente clave de la felicidad y el bienestar mental y tiene un impacto significativo en nuestra salud y longevidad. En este contexto, el optimismo juega un papel vital.

Las personas optimistas tienden a tener una mayor satisfacción con la vida. Su visión positiva del mundo y de sí mismos les ayuda a percibir su vida de manera más favorable. Ven los contratiempos como temporales y superables, lo que les permite mantener una actitud positiva incluso en tiempos difíciles. Esta actitud les ayuda a apreciar más plenamente los aspectos positivos de su vida, lo que puede mejorar su satisfacción con la vida y contribuir a su bienestar mental.

Además, los optimistas tienden a tener expectativas positivas para el futuro. Esperan que las cosas vayan bien y que sean capaces de alcanzar sus metas. Esta expectativa puede aumentar su motivación para tomar medidas que les acerquen a sus metas, lo que

puede llevar a un mayor sentido de logro y satisfacción
con la vida.

Capítulo 5:
Técnicas Prácticas para Cultivar el Optimismo

En este capítulo, nos sumergimos en el corazón de las estrategias y técnicas prácticas que puedes utilizar para fomentar y cultivar un sentido más profundo del optimismo en tu vida. Si bien es cierto que algunas personas parecen ser naturalmente más optimistas que otras, también es verdad que el optimismo puede ser aprendido y cultivado a través de la práctica y la persistencia.

Reestructuración cognitiva: Una de las formas más efectivas de cultivar el optimismo es mediante la reestructuración cognitiva. Esta es una técnica de psicoterapia que implica identificar y desafiar nuestros pensamientos negativos y sustituirlos por pensamientos más positivos y realistas. Al aprender a detectar nuestros pensamientos negativos automáticos y cuestionar su validez, podemos cambiar nuestra perspectiva y convertirnos en personas más optimistas.

La reestructuración cognitiva es una técnica fundamental en psicología cognitivo-conductual que busca cambiar los patrones de pensamientos negativos y destructivos que pueden estar afectando nuestra salud emocional y mental. Es una herramienta esencial para cultivar el optimismo y una mentalidad más saludable.

Esta técnica implica varios pasos. Primero, debemos estar conscientes de nuestros pensamientos. Es sorprendente cuántos de nuestros pensamientos diarios son automáticos y cuán frecuentemente estos pueden ser negativos o autocríticos. En un día típico, nos vemos asaltados por un torrente de pensamientos que pueden oscilar entre el juicio, la preocupación, la duda y la autocrítica.

Una vez que reconocemos estos pensamientos automáticos, el próximo paso es comenzar a desafiarlos. ¿Es este pensamiento basado en hechos reales o es una interpretación negativa? ¿Estoy asumiendo el peor escenario posible? ¿Estoy atribuyendo el resultado de una situación a mi incompetencia cuando hay factores externos involucrados? Estas son algunas de las preguntas que podemos hacernos para empezar a desafiar nuestros pensamientos negativos.

El siguiente paso en la reestructuración cognitiva es reemplazar estos pensamientos negativos por otros más positivos y realistas. Por ejemplo, en lugar de pensar "Voy a fallar en esta presentación", podríamos decirnos a nosotros mismos: "He preparado esta presentación al máximo de mis capacidades y voy a hacerlo lo mejor que pueda. Aunque pueda haber factores fuera de mi control, confío en mi preparación y habilidades".

Cada vez que desafiamos y cambiamos un pensamiento negativo por uno más positivo, estamos fortaleciendo nuestro "músculo del optimismo". Este proceso requiere práctica y paciencia, pero con el tiempo, la reestructuración cognitiva puede ayudarnos a desarrollar una mentalidad más positiva y optimista, mejorando significativamente nuestra calidad de vida. La reestructuración cognitiva es, por lo tanto, una herramienta poderosa para cultivar el optimismo, permitiéndonos cambiar activamente la manera en que percibimos y respondemos al mundo a nuestro alrededor.

Establecimiento de metas: Establecer metas claras y alcanzables también puede aumentar nuestro optimismo. Cuando tenemos un sentido claro de dirección y propósito, nos sentimos más motivados y esperanzados. Recuerda que las metas deben ser específicas, mensurables, alcanzables, relevantes y con un tiempo determinado (SMART, por sus siglas en inglés).

El establecimiento de metas es otra estrategia fundamental para cultivar el optimismo. Cuando establecemos metas claras y alcanzables, podemos visualizar un futuro positivo y trabajar hacia él, lo que aumenta nuestra confianza y nos permite mantener una actitud optimista, incluso frente a los desafíos.

Las metas nos proporcionan un sentido de dirección y propósito. Sin metas, podemos sentirnos perdidos o desmotivados, pero con metas claras en mente, tenemos un objetivo a seguir que nos motiva a actuar. El simple acto de establecer una meta puede aumentar nuestra esperanza y optimismo, ya que nos permite imaginar un futuro positivo y las acciones necesarias para lograrlo.

Además, las metas nos proporcionan una forma de medir nuestro progreso. Al establecer metas específicas, mensurables, alcanzables, relevantes y con un tiempo determinado, o metas SMART, podemos ver claramente nuestro progreso hacia la consecución de estas metas. Este sentido de logro puede aumentar aún más nuestra autoestima y optimismo.

Pero establecer metas no es suficiente por sí solo, también debemos creer en nuestra capacidad para alcanzarlas. Esta creencia en nuestra capacidad para lograr nuestras metas es lo que se conoce como autoeficacia. Cuanto mayor sea nuestra autoeficacia, más probable es que mantengamos una actitud optimista y persistamos en la consecución de nuestras metas, incluso cuando nos enfrentamos a obstáculos.

Por último, es importante recordar que las metas deben ser flexibles. Si nos encontramos con obstáculos o cambios inesperados, debemos estar dispuestos a ajustar nuestras metas y adaptarnos a las nuevas circunstancias. Esta flexibilidad nos permite mantener nuestro optimismo y perseverar en la consecución de nuestras metas, a pesar de los contratiempos.

Agradecimiento: La práctica regular de agradecimiento también puede aumentar nuestro optimismo. Al tomar tiempo cada día para reflexionar sobre las cosas por las que estamos agradecidos, podemos cambiar nuestra atención de lo negativo a lo positivo.

El agradecimiento es otra poderosa herramienta para cultivar el optimismo. Al enfocarnos en lo que tenemos en lugar de lo que nos falta, podemos cambiar nuestra perspectiva y mantener una mentalidad más positiva y optimista.

Todos tenemos cosas en nuestras vidas por las que estar agradecidos, ya sean grandes o pequeñas. Pueden ser las relaciones que tenemos, nuestra salud, la comida en nuestra mesa, o simplemente el hecho de estar vivos y poder experimentar el mundo que nos rodea. Al tomar tiempo cada día para reflexionar sobre estas cosas y agradecerlas, podemos alejarnos de los pensamientos y preocupaciones negativas y centrarnos en los aspectos positivos de nuestra vida.

La práctica del agradecimiento también puede tener beneficios más allá del aumento del optimismo. Se ha demostrado que las personas que practican regularmente el agradecimiento experimentan menos estrés y depresión, tienen mejores relaciones y están más satisfechas con su vida en general.

Además, el agradecimiento nos ayuda a valorar y apreciar lo que tenemos en lugar de siempre desear más. En nuestra sociedad orientada al consumo, a menudo nos centramos en lo que nos falta y en lo que deseamos, en lugar de apreciar lo que ya tenemos. Al practicar el agradecimiento, podemos romper este ciclo de insatisfacción y apreciar las bendiciones que ya están presentes en nuestra vida.

Practicar el agradecimiento puede ser tan simple como tomar unos minutos cada día para reflexionar sobre lo que agradecemos. También puede ser útil llevar un diario de agradecimiento, donde escribimos cada día sobre lo que agradecemos. Al hacer esto regularmente, podemos entrenar nuestra mente para centrarse en lo positivo y mantener una actitud de agradecimiento y optimismo en nuestra vida diaria.

Meditación y Mindfulness: Estas pueden ayudarnos a cultivar el optimismo al enseñarnos a vivir en el presente y a aceptar nuestras experiencias sin juzgarlas.

Al enfocarnos en el presente, podemos reducir nuestros niveles de estrés y aumentar nuestro sentido de bienestar y optimismo.

La meditación y el mindfulness, o atención plena, son prácticas milenarias que han sido ampliamente estudiadas y validadas por la ciencia moderna por sus numerosos beneficios para nuestra salud física y mental, entre ellos, el aumento del optimismo.

Ambas prácticas implican enfocarnos en el presente y aceptar nuestras experiencias tal como son, sin juzgarlas. En lugar de quedar atrapados en pensamientos negativos sobre el pasado o preocupaciones sobre el futuro, nos enseñan a estar plenamente presentes y a apreciar el momento actual. Esta aceptación y presencia en el momento actual puede reducir nuestros niveles de estrés y ansiedad, y aumentar nuestro sentido de bienestar y satisfacción con la vida.

La meditación, en particular, puede ser una herramienta poderosa para cultivar el optimismo. Al meditar, nos tomamos un tiempo para calmarnos y centrarnos, lo que puede ayudarnos a distanciarnos de nuestros pensamientos y emociones negativas y a verlos con mayor objetividad. Esto nos permite reconocer que nuestros pensamientos y emociones son temporales y que no definen quiénes somos.

Como resultado, podemos aprender a manejar mejor nuestras emociones y a mantener una actitud más positiva y optimista ante la vida.

El mindfulness, por otro lado, nos enseña a estar plenamente presentes en cada momento, ya sea que estemos comiendo, caminando, trabajando o simplemente respirando. Al prestar atención plena a nuestras experiencias, podemos aprender a apreciar los pequeños momentos de la vida y a encontrar alegría y satisfacción en ellos. Esto puede ayudarnos a mantener una perspectiva más positiva y a apreciar las cosas buenas de la vida, lo que puede aumentar nuestro optimismo.

Cuida tu salud física: Mantener una buena salud física es esencial para fomentar el optimismo. El ejercicio regular, una dieta saludable y un sueño adecuado pueden mejorar nuestro estado de ánimo y aumentar nuestro optimismo.

Cuidar nuestra salud física es una parte fundamental para cultivar y mantener una actitud optimista ante la vida. La forma en que tratamos nuestro cuerpo tiene un impacto directo en nuestra mente, nuestros pensamientos y nuestras emociones.

Comenzando con el ejercicio regular, no solo beneficia nuestra salud física, sino también nuestra salud mental. El ejercicio libera endorfinas, a menudo conocidas como las "hormonas de la felicidad", que nos ayudan a sentirnos más felices, más relajados y más optimistas. Además, mantener una rutina de ejercicio regular nos da una sensación de logro y mejora nuestra autoestima, lo cual también contribuye a una visión más positiva de la vida.

Una dieta saludable también juega un papel crucial en nuestra mentalidad. Lo que comemos puede afectar cómo nos sentimos. Una dieta rica en frutas, verduras, proteínas magras y granos enteros proporciona a nuestro cuerpo y cerebro los nutrientes que necesitan para funcionar de manera óptima. Una buena nutrición puede mejorar nuestro estado de ánimo, aumentar nuestra energía y ayudarnos a pensar con más claridad, lo que a su vez puede fomentar el optimismo.

El sueño adecuado es otro componente esencial para cultivar el optimismo. Durante el sueño, nuestro cerebro procesa las experiencias del día, consolida la memoria y se recupera del estrés y la fatiga. Un sueño insuficiente o de mala calidad puede afectar nuestro estado de ánimo, nuestra capacidad para pensar con claridad y nuestra energía, lo que puede hacer que nos sintamos más negativos y menos optimistas.

Por el contrario, un sueño adecuado y de buena calidad puede ayudarnos a sentirnos más descansados, más positivos y más optimistas.

Estas técnicas son solo el comienzo. El verdadero viaje hacia el optimismo implica un compromiso diario con la mejora personal y el desarrollo del carácter. Al seguir estas estrategias, podrás tomar las riendas de tu mente, cultivar una actitud positiva y encaminarte hacia el éxito y la felicidad. Recuerda: el optimismo es una elección, y esa elección está en tus manos. ¡Adelante!

Tácticas y estrategias para fomentar una mentalidad optimista

Presentación de tácticas y estrategias para fomentar una mentalidad optimista, incluyendo la definición de metas claras y la gestión efectiva del tiempo.

El optimismo es una mentalidad que puede ser cultivada y fortalecida con la práctica. Aquí presentamos algunas tácticas y estrategias eficaces que pueden ayudarte a fomentar una mentalidad optimista:

Definición de metas claras: Tener metas claras y específicas te da un sentido de dirección y propósito, lo que a su vez puede alimentar tu optimismo.

Cuando tienes un objetivo hacia el que trabajar, te sientes motivado y optimista sobre tus posibilidades de éxito. Pero asegúrate de que tus metas sean SMART, es decir, Específicas, Medibles, Alcanzables, Relevantes y Temporales. De este modo, podrás tener un enfoque claro, realizar un seguimiento de tus progresos y celebrar tus éxitos a medida que avanzas.

La definición de metas claras es un elemento esencial en el proceso de fomentar el optimismo. Tener objetivos específicos hacia los que trabajar proporciona un sentido de dirección y propósito en la vida, y este enfoque en sí mismo puede alimentar un estado de ánimo optimista.

Cuando estableces metas, se crea una intención. Esta intención da lugar a un camino y a un plan que te ayuda a dar sentido a tus acciones y esfuerzos diarios. El simple acto de trabajar hacia un objetivo puede hacer que te sientas más motivado y optimista sobre tus posibilidades de éxito. Pero para que las metas sean realmente efectivas y generen optimismo, deben ser metas SMART.

Las metas SMART son Específicas, Medibles, Alcanzables, Relevantes y Temporales.

Específicas: Las metas deben ser claras y bien definidas. Deben responder a las preguntas ¿qué?, ¿por qué? y ¿cómo?.

Medibles: Debes poder medir tu progreso hacia la meta. Esto podría ser a través de indicadores cuantitativos (por ejemplo, "quiero perder 5 kilogramos") o cualitativos (por ejemplo, "quiero sentirme más enérgico").

Alcanzables: Las metas deben ser desafiantes pero alcanzables. Si una meta parece demasiado fuera de alcance, puedes sentirte desmotivado en lugar de optimista.

Relevantes: Las metas deben ser relevantes para tu vida y tus valores. Deben ser metas que realmente desees alcanzar, no metas que creas que deberías alcanzar.

Temporales: Las metas deben tener un plazo definido. Esto te da un marco de tiempo dentro del cual trabajar y puede ayudar a fomentar un sentido de urgencia y motivación.

Al asegurarte de que tus metas sean SMART, podrás tener un enfoque claro, realizar un seguimiento de tus progresos y celebrar tus éxitos a medida que avanzas. Cada pequeño paso que tomes hacia tus metas y cada pequeño éxito que celebres a lo largo del camino pueden alimentar tu optimismo, haciéndote sentir más positivo y motivado para continuar en tu camino hacia el éxito.

Gestión efectiva del tiempo: La gestión eficaz del tiempo es una habilidad esencial que puede aumentar tu optimismo. Al planificar y organizar tu tiempo de manera eficaz, puedes reducir el estrés, evitar el agobio y tener un mayor control sobre tu vida. Esto puede aumentar tu autoestima, tu productividad y tu optimismo. Puedes utilizar herramientas y técnicas de gestión del tiempo, como listas de tareas, planificación del día, establecimiento de prioridades y delegación.

La gestión efectiva del tiempo no sólo te permite ser más productivo, sino que también puede aumentar tu optimismo. Al tomar el control de tu tiempo y organizarlo de manera eficiente, puedes aumentar tu autoestima y tu capacidad para afrontar los desafíos con una actitud positiva.

La gestión efectiva del tiempo es un factor determinante para el desarrollo de una mentalidad optimista. Saber que tienes el control de tu tiempo te brinda la confianza necesaria para afrontar retos, creando un ambiente propicio para la productividad y la autoestima.

Al planificar y organizar tu tiempo de manera eficaz, se reduce el estrés. El agobio, a menudo producto de sentir que las tareas se acumulan y no hay tiempo suficiente para hacerlas, disminuye considerablemente. Esto se debe a que, con una gestión del tiempo eficaz, puedes dividir las tareas en segmentos manejables y asignar tiempo específico para su realización. En este sentido, la organización del tiempo resulta clave para evitar la sensación de estar sobrecargado de trabajo.

La planificación también implica establecer prioridades. Identificar las tareas más importantes y urgentes te permite enfocarte en lo que realmente importa, evitando la dispersión y la pérdida de tiempo en actividades de menor relevancia. Este orden de prioridades aumenta la eficiencia, y con ello, la sensación de logro y autoeficacia, ingredientes esenciales del optimismo.

Además, la gestión efectiva del tiempo te ofrece una mayor autonomía y control sobre tu vida. Saber que tienes la capacidad de organizar tu tiempo según tus necesidades y objetivos te proporciona un sentimiento de empoderamiento. Este control incrementa tu confianza en tu capacidad para alcanzar tus metas, lo cual, a su vez, alimenta tu optimismo.

Las herramientas y técnicas de gestión del tiempo, como las listas de tareas, la planificación del día, el establecimiento de prioridades y la delegación, son valiosos aliados en este proceso. Las listas de tareas te ayudan a visualizar todas las tareas que debes completar, mientras que la planificación del día te permite distribuir tu tiempo de manera eficiente. Establecer prioridades te asegura que estás dedicando tu tiempo y energía a lo que es más importante, y la delegación te permite liberar tiempo para las tareas que sólo tú puedes hacer.

Auto conversación positiva: La manera en que te hablas a ti mismo puede tener un gran impacto en tu optimismo. La auto conversación negativa puede minar tu confianza y tu estado de ánimo. En cambio, al hablar contigo mismo de manera positiva y alentadora, puedes mejorar tu estado de ánimo, aumentar tu confianza y fomentar el optimismo. Practica la reestructuración cognitiva para transformar pensamientos negativos en positivos.

La auto conversación positiva es una herramienta poderosa para fomentar el optimismo y mejorar el bienestar emocional. Nuestro diálogo interno, es decir, la forma en que nos hablamos a nosotros mismos, influye directamente en nuestra percepción del mundo, en nuestra autoestima y en nuestro estado de ánimo.

La auto conversación negativa, caracterizada por pensamientos de autocrítica, duda y temor, puede socavar nuestra confianza y afectar nuestra salud emocional. Estos mensajes negativos internos pueden incrementar nuestros niveles de estrés, disminuir nuestra motivación y contribuir a una perspectiva pesimista de la vida.

Por otro lado, el desarrollo de un diálogo interno positivo puede ser una estrategia efectiva para cultivar una mentalidad más optimista. Al hablarnos a nosotros mismos de manera positiva, alentadora y compasiva, podemos incrementar nuestro estado de ánimo, fortalecer nuestra confianza y promover una actitud más positiva ante la vida.

Un elemento clave para transformar la auto conversación negativa en positiva es la reestructuración cognitiva. Esta técnica de la psicoterapia cognitivo-conductual implica identificar nuestros pensamientos negativos automáticos, evaluar su validez y precisión, y luego reemplazarlos con interpretaciones más positivas y realistas.

Por ejemplo, si tu pensamiento negativo automático es "Nunca podré hacer esto bien", podrías cuestionarlo preguntándote: "¿Hay evidencia objetiva de que esto sea cierto? ¿Podría existir una interpretación alternativa?" En lugar de ese pensamiento inicial, podrías decirte a ti mismo: "Tengo la capacidad de aprender y mejorar con la práctica. Cometer errores es parte del proceso de aprendizaje."

Este cambio en el diálogo interno no sucede de la noche a la mañana. Requiere práctica y paciencia. Sin embargo, con el tiempo, la auto conversación positiva puede convertirse en un hábito que fortalece el optimismo y mejora la resiliencia emocional.

Practica la gratitud: La gratitud puede cambiar tu enfoque de lo que te falta a lo que ya tienes. Practica la gratitud diariamente anotando tres cosas por las que estás agradecido cada día. Con el tiempo, notarás cómo esta práctica te ayuda a centrarte en lo positivo y a cultivar una actitud de optimismo.

La gratitud es una poderosa herramienta que puede promover el optimismo y el bienestar. Se refiere al reconocimiento y apreciación de los aspectos positivos de la vida, desde las cosas más grandes hasta las más pequeñas. Al cambiar nuestro enfoque de lo que nos falta a lo que ya tenemos, podemos mejorar nuestro estado de ánimo, reducir el estrés y fomentar una actitud de optimismo.

Practicar la gratitud a diario puede ser tan sencillo como anotar tres cosas por las que estás agradecido cada día. Pueden ser eventos positivos que ocurrieron durante el día, personas en tu vida que aprecias, logros personales, o cosas simples como un hermoso atardecer o un buen libro. El objetivo es tomar un momento para reflexionar sobre lo bueno de la vida.

La práctica regular de la gratitud tiene varios beneficios. En primer lugar, al centrarte en lo positivo, puedes contrarrestar los efectos de la negatividad y la queja. En lugar de preocuparte por lo que va mal, la gratitud te ayuda a apreciar lo que va bien.

En segundo lugar, la gratitud puede mejorar tu estado de ánimo. Recordar y valorar los aspectos positivos de la vida puede generar sentimientos de felicidad y satisfacción.

En tercer lugar, la gratitud puede ayudarte a manejar mejor el estrés y la adversidad. Al recordarte que hay cosas buenas en tu vida, la gratitud puede proporcionarte una sensación de perspectiva y resiliencia frente a los desafíos.

Finalmente, la gratitud puede ayudarte a cultivar un sentido de conexión y bienestar. Al apreciar a las personas y las cosas en tu vida, puedes sentirte más conectado y satisfecho.

La práctica de la gratitud puede requerir algún esfuerzo al principio, especialmente si estás acostumbrado a concentrarte en lo negativo. Sin embargo, con el tiempo, puede convertirse en un hábito que naturalmente promueve el optimismo.

Rodéate de influencias positivas: El entorno y las personas que te rodean pueden influir en tu nivel de optimismo. Intenta rodearte de personas positivas que te apoyen y te inspiren. Aléjate de las influencias negativas que drenan tu energía y tu optimismo.

El entorno y las personas que nos rodean juegan un papel crucial en la formación de nuestra actitud y perspectiva hacia la vida. A menudo, absorbemos consciente e inconscientemente las energías y las actitudes de aquellos que nos rodean. Por lo tanto, si estamos rodeados de personas positivas, es probable que nos sintamos más optimistas y esperanzados. Por otro lado, si estamos constantemente rodeados de negatividad, es posible que nos sintamos más pesimistas y desalentados.

Rodearte de influencias positivas puede tener un impacto significativo en tu optimismo. Las personas positivas pueden inspirarte, motivarte y alentarte a ver el lado bueno de las cosas. Pueden ayudarte a ver los desafíos como oportunidades de crecimiento y a mantener una actitud positiva incluso en tiempos difíciles.

Además, las personas optimistas suelen ser más alegres, energéticas y entusiastas, y estas cualidades pueden ser contagiosas.

Por otro lado, las influencias negativas pueden drenar tu energía y tu optimismo. Las personas que se quejan constantemente, ven el lado negativo de las cosas y esperan lo peor, pueden hacer que te sientas desanimado y pesimista. Además, la negatividad puede ser estresante y agotadora, lo que puede afectar tu salud y bienestar.

Por lo tanto, es importante tomar medidas para rodearte de influencias positivas y limitar tu exposición a la negatividad. Aquí hay algunas estrategias que puedes considerar:

Identifica a las personas positivas en tu vida. Estas pueden ser personas que te inspiren, te alienten y te hagan sentir bien contigo mismo. Trata de pasar más tiempo con ellas.

Aléjate de las personas negativas. Si hay personas en tu vida que son constantemente negativas y drenan tu energía, considera limitar tu tiempo con ellas. Esto no significa que debas abandonar a estas personas por completo, pero es importante proteger tu bienestar emocional.

Cultiva relaciones positivas. Busca personas que compartan tus intereses y valores, y que te apoyen en tus objetivos y ambiciones.

Crea un entorno positivo. Además de las personas, tu entorno físico también puede influir en tu optimismo. Trata de crear un espacio que te haga sentir feliz, relajado y positivo.

Recuerda, el optimismo es una mentalidad que puedes elegir. Con la práctica y la perseverancia, puedes cultivar una actitud de optimismo que te ayudará a enfrentar los desafíos con confianza y a vivir una vida más feliz y satisfactoria.

Capítulo 6:
Mejora tus Relaciones a través del Optimismo

El optimismo puede tener un impacto poderoso en tus relaciones. Te animo a que cultives un enfoque optimista en tu vida y veas cómo puede mejorar tus relaciones y enriquecer tu vida.

El optimismo no solo tiene un impacto significativo en tu salud mental y física, sino que también puede jugar un papel crucial en tus relaciones interpersonales. Un enfoque positivo puede ayudarte a construir relaciones más fuertes y más significativas, a mejorar la comunicación y a resolver conflictos de manera más efectiva.

Mejora la comunicación

La comunicación es un elemento esencial en cualquier relación, ya sea con amigos, familia, compañeros de trabajo o socios. Un enfoque optimista puede ayudarte a comunicarte de manera más efectiva al permitirte transmitir tus pensamientos y sentimientos de una manera más clara y positiva. Las personas suelen responder mejor a la comunicación positiva y se sienten más valoradas y comprendidas cuando se les habla de manera respetuosa y amigable.

Además, el optimismo también puede ayudarte a escuchar mejor. Al mantener una mentalidad abierta y positiva, estás más dispuesto a escuchar y comprender los puntos de vista de los demás. Esto puede llevar a conversaciones más productivas y a una mayor comprensión mutua.

Resolución de conflictos

Todos enfrentamos conflictos en nuestras relaciones de vez en cuando. La forma en que manejamos estos conflictos puede determinar si nuestras relaciones crecen y se fortalecen o se deterioran y se debilitan.

El optimismo puede ser una herramienta eficaz para la resolución de conflictos. Al ver los conflictos como oportunidades para el crecimiento y la comprensión en lugar de amenazas a nuestras relaciones, podemos abordarlos de una manera más constructiva. Los optimistas tienden a buscar soluciones en lugar de centrarse en los problemas, lo que puede llevar a resoluciones más satisfactorias y duraderas.

El optimismo puede ser una herramienta potente y efectiva para la resolución de conflictos. Una visión optimista del mundo no evita el conflicto, sino que aborda las discordancias y desacuerdos desde una perspectiva distinta, buscando oportunidades para el crecimiento y la comprensión en lugar de percibir los conflictos como amenazas insuperables a nuestras relaciones.

Primero, los optimistas tienden a ver los conflictos como oportunidades para aprender y crecer. En lugar de percibir un desacuerdo como algo negativo o amenazante, lo ven como una oportunidad para entender mejor a la otra persona, para aprender algo nuevo o para fortalecer la relación.

Esta perspectiva puede ayudar a reducir el miedo y la ansiedad que a menudo se asocian con los conflictos, permitiendo a las partes implicadas abordar el problema con mayor calma y apertura.

En segundo lugar, los optimistas suelen tener una actitud orientada a la solución. En lugar de centrarse en el problema y de quedar atrapados en la negatividad, buscan activamente soluciones y oportunidades. Este enfoque puede llevar a resoluciones más creativas, satisfactorias y duraderas.

Además, al centrarse en las soluciones en lugar de en los problemas, los optimistas pueden ayudar a mantener un ambiente positivo y constructivo, incluso durante los desacuerdos.

Por último, los optimistas tienden a ser más resilientes. Incluso en medio de un conflicto, pueden mantener su sentido de esperanza y positividad. Esta resiliencia les permite lidiar con los desafíos y las dificultades de una manera más efectiva, sin perder de vista su confianza en un resultado positivo. Esta capacidad para mantener la calma y seguir adelante puede ser de gran ayuda durante la resolución de conflictos, proporcionando estabilidad y aliento para superar los obstáculos.

Por lo tanto, el optimismo puede ser una herramienta poderosa para la resolución de conflictos. Al permitirnos ver los desacuerdos como oportunidades en lugar de amenazas, nos prepara para abordar los conflictos de una manera más constructiva y saludable.

Fortalecimiento de las relaciones

El optimismo puede ayudarte a construir y mantener relaciones fuertes y saludables. Las personas optimistas tienden a ser más amables, comprensivas y apoyadoras, lo cual puede fomentar la cercanía y la intimidad en las relaciones.

El optimismo es una fuerza poderosa que puede influir positivamente en la calidad y el dinamismo de nuestras relaciones. Las personas que adoptan una actitud optimista tienden a ser más amables, empáticas y apoyadoras, características esenciales para fomentar relaciones profundas y significativas.

Para empezar, los optimistas suelen tener un enfoque más positivo de la vida, lo que se refleja en su trato hacia los demás. Tienden a ser más amables y alegres, lo que crea un ambiente de apertura y aceptación. Esta amabilidad puede hacer que las personas se sientan más valoradas y respetadas, creando un clima de positividad que fortalece las relaciones.

Además, los optimistas suelen ser más comprensivos. Ven los problemas y los desafíos como oportunidades para aprender y crecer, en lugar de como obstáculos insuperables. Esta actitud les permite ser más empáticos y comprensivos cuando sus seres queridos están atravesando momentos difíciles. En lugar de juzgar o criticar, buscan entender y ofrecer apoyo.

Los optimistas también son grandes apoyadores. En lugar de centrarse en los fracasos y los errores, se centran en las posibilidades y el potencial. Esta perspectiva les permite apoyar a sus seres queridos en sus esfuerzos, alentándolos a alcanzar sus metas y a creer en sus capacidades.

Además, el optimismo puede fomentar una mayor cercanía e intimidad en las relaciones. Los optimistas tienden a ser más abiertos y honestos acerca de sus sentimientos y emociones, lo que puede crear un nivel más profundo de conexión y entendimiento. Esta apertura y honestidad pueden ayudar a crear una base de confianza y respeto mutuo, lo cual es esencial para cualquier relación saludable.

Por último, las personas optimistas suelen tener una mejor capacidad para manejar el estrés y las dificultades.

Además, las personas optimistas suelen ser más resilientes y capaces de manejar los desafíos de la vida de una manera más efectiva. Esto puede ser especialmente valioso en las relaciones, ya que la vida a menudo nos presenta desafíos que necesitamos superar juntos.

Cómo una actitud positiva puede fortalecer nuestras relaciones y cómo lidiar de manera efectiva con la negatividad de los demás.

Aunque la negatividad de los demás puede ser difícil de manejar, una actitud positiva puede fortalecer nuestras relaciones y ayudarnos a manejar eficazmente la negatividad. Mantén tu enfoque en lo positivo y recuerda que cada desafío es una oportunidad para crecer.

Una actitud positiva puede ser la clave para fortalecer nuestras relaciones. Cuando somos optimistas, tendemos a ver lo mejor en los demás, a enfrentar los conflictos de una manera constructiva y a infundir nuestras interacciones con bondad y comprensión. Esto puede crear un ambiente de apoyo mutuo, fomentar una comunicación abierta y fortalecer la intimidad en nuestras relaciones.

Las personas optimistas a menudo son vistas como atractivas y confiables. Al mantener una actitud positiva, puedes atraer a otras personas y hacer que quieran pasar tiempo contigo. Tu optimismo también puede ser contagioso, inspirando a los demás a adoptar una perspectiva más positiva y agradable de la vida.

Además, el optimismo puede ser una herramienta valiosa en la resolución de conflictos. Los optimistas tienden a ver los conflictos como oportunidades para el crecimiento y la comprensión, en lugar de como amenazas a la relación. Esto puede permitirles abordar los desacuerdos de una manera más abierta y resolverlos de una manera que fortalezca, en lugar de debilitar, la relación.

Por otro lado, lidiar con la negatividad de los demás puede ser un desafío. Aquí hay algunas estrategias para manejar eficazmente la negatividad:

Practica la empatía: Trata de entender de dónde viene la otra persona. A veces, las personas actúan negativamente porque están pasando por un momento difícil.

La empatía es una habilidad vital que permite comprender y compartir los sentimientos de los demás. Se trata de ponerse en el lugar del otro, de intentar entender sus experiencias, sus emociones y sus perspectivas. Cuando practicamos la empatía, nos acercamos más a los demás, construimos relaciones más sólidas y fomentamos un entorno de respeto y comprensión mutua.

En el contexto de manejar personas negativas en nuestra vida, la empatía puede ser especialmente útil. A menudo, las personas que actúan de manera negativa o crítica están lidiando con sus propias luchas internas. Pueden estar pasando por un momento difícil en su vida, sentirse estresados, inseguros o abrumados. Su negatividad puede ser una forma de expresar su malestar o una defensa contra el dolor que están experimentando.

Al practicar la empatía, podemos tratar de entender lo que está pasando debajo de la superficie de su comportamiento. Esto no significa que debamos tolerar o excusar el comportamiento negativo. Sin embargo, al comprender que su comportamiento puede ser un reflejo de su dolor interno, podemos responder con compasión en lugar de irritación.

Por ejemplo, si alguien es constantemente crítico, en lugar de tomar sus palabras como un ataque personal, podríamos entender que su crítica puede ser una expresión de su propia inseguridad. Este entendimiento nos puede ayudar a responder de una manera más calmada y asertiva, en lugar de reaccionar de manera defensiva.

Establece límites claros: Si alguien es constantemente negativo, es importante establecer límites. Puedes expresar tus sentimientos de una manera respetuosa y pedir un cambio en la conversación o el comportamiento.

El establecimiento de límites es fundamental en todas nuestras relaciones, pero puede ser especialmente importante cuando interactuamos con personas que suelen tener una actitud negativa. Los límites nos permiten definir qué es aceptable y qué no lo es en nuestra interacción con los demás, protegiendo nuestro bienestar emocional y mental.

Es completamente legítimo no querer estar expuesto constantemente a la negatividad de otra persona. Aunque es importante ser comprensivo y empático, también debemos cuidar de nosotros mismos. Esto significa que, si la negatividad de alguien está afectando nuestro estado de ánimo o bienestar, podemos y debemos establecer límites claros.

Esto podría implicar comunicarle a la persona cómo te sientes de una manera respetuosa pero firme. Puedes explicar que, aunque entiendes que pueda estar pasando por un momento difícil, su constante negatividad está afectándote. Solicita un cambio en la dinámica de la conversación o incluso en la relación en sí.

Esto no significa que debas ser insensible a sus problemas, sino que estás defendiendo tu necesidad de un entorno más positivo. Si bien puede ser complicado hablar de estos temas, es crucial para preservar tu salud emocional.

Recuerda, establecer límites no es un acto de egoísmo. Es una forma de auto-cuidado. Al definir límites, no sólo estás cuidando de tu bienestar, sino que también estás estableciendo las bases para relaciones más saludables y respetuosas. Al fin y al cabo, una relación sólida se basa en el respeto mutuo y en la capacidad para atender tanto nuestras propias necesidades como las del otro.

Protege tu energía: No te dejes arrastrar por la negatividad de los demás. Mantén tu enfoque en lo positivo y practica el autocuidado para mantener tu energía.

Mantenerse positivo ante la constante negatividad puede ser un desafío, pero es esencial proteger nuestra energía para nuestro bienestar emocional y mental. Para lograrlo, es importante no dejarnos arrastrar por los pensamientos o emociones negativas de los demás. Esto requiere una conciencia consciente de nuestras propias emociones y una firme decisión de no permitir que la negatividad de los demás oscurezca nuestra perspectiva.

Una técnica útil para proteger nuestra energía es centrarse en lo positivo. Aunque no siempre podemos controlar lo que sucede a nuestro alrededor, sí podemos controlar cómo respondemos a ello. Por lo tanto, incluso cuando te encuentres con negatividad, trata de mantener una perspectiva optimista y centrarte en los aspectos positivos de tu vida.

Además, es crucial practicar el autocuidado. Esto puede tomar muchas formas, dependiendo de lo que te funcione a ti personalmente. Podría ser hacer ejercicio regularmente, mantener una dieta equilibrada, meditar, pasar tiempo en la naturaleza, leer un buen libro o pasar tiempo con seres queridos. Lo importante es encontrar actividades que te hagan sentir bien y te ayuden a recargar energías.

El autocuidado también puede implicar aprender a decir "no" cuando es necesario. A veces, proteger nuestra energía puede significar declinar invitaciones a eventos o situaciones que sabemos que serán emocionalmente agotadoras. Aunque puede ser difícil decir "no", es vital recordar que tenemos el derecho de priorizar nuestro bienestar.

Finalmente, recuerda que está bien buscar apoyo cuando lo necesites. Ya sea de un amigo de confianza, un familiar o un profesional, no tienes que manejar la negatividad por ti mismo. Todos necesitamos un poco de ayuda de vez en cuando, y no hay nada de malo en buscarla.

Sé un modelo a seguir: A través de tu comportamiento y actitud, puedes demostrar cómo manejar situaciones con una mentalidad positiva. A veces, esto puede inspirar a los demás a hacer lo mismo.

Convertirse en un modelo a seguir no es un título que se otorga, sino una posición que se gana a través de la acción consistente y el ejemplo personal. Si deseas inspirar a los demás hacia una mentalidad más positiva, puedes hacerlo principalmente a través de tu propio comportamiento y actitud.

En primer lugar, es importante que mantengas una actitud positiva y optimista frente a las adversidades. Esto no significa ignorar los problemas o evitar las emociones negativas, sino tratar de enfocarte en las soluciones en lugar de quedarte atrapado en los problemas. Los desafíos son inevitables en la vida, pero cómo los enfrentamos y cómo reaccionamos ante ellos define nuestra mentalidad y nuestro carácter.

Es igualmente esencial mostrar resiliencia. La resiliencia es la capacidad de recuperarse rápidamente de las dificultades y adaptarse bien frente a la adversidad. Al mantener una actitud resiliente, puedes demostrar a los demás que es posible enfrentar los desafíos con gracia y fortaleza.

Además, es importante mostrar empatía y comprensión hacia los demás, incluso cuando están siendo negativos. Esto puede ayudar a crear un ambiente de respeto y aceptación, lo cual es crucial para fomentar una actitud positiva. La empatía nos permite conectarnos con los demás a un nivel más profundo y entender mejor sus sentimientos y perspectivas.

Finalmente, recuerda que nadie es perfecto y todos tenemos días malos. Pero es cómo nos recuperamos de esos días lo que realmente importa. Al mostrar a los demás que es posible superar los obstáculos y mantener una actitud positiva, estás proporcionando un ejemplo poderoso que puede inspirar a los demás a hacer lo mismo.

Busca apoyo: Si alguien en tu vida es extremadamente negativo y está afectando tu bienestar, puede ser útil buscar el consejo de un terapeuta o consejero.

La negatividad crónica de las personas en nuestras vidas puede tener un impacto perjudicial en nuestro bienestar emocional y mental. En estos casos, buscar el apoyo de un profesional puede ser una estrategia muy útil.

Los terapeutas y consejeros están capacitados para ayudarnos a navegar a través de situaciones complicadas y nos proporcionan herramientas y estrategias para afrontarlas de una manera más saludable. Nos enseñan a establecer límites, a manejar nuestras emociones y a protegernos de la negatividad de los demás. Un terapeuta puede proporcionar una perspectiva objetiva sobre la situación y sugerir técnicas para lidiar con las personas negativas en nuestra vida.

Además, estas sesiones proporcionan un espacio seguro y de confianza para expresar nuestras preocupaciones y emociones, lo cual es fundamental para mantener nuestra salud mental. A veces, simplemente hablar sobre nuestros problemas y ser escuchados puede tener un efecto terapéutico.

Es importante recordar que buscar ayuda no es una señal de debilidad, sino un acto de autocuidado y fortaleza. Implica reconocer que hay un problema y tomar medidas proactivas para resolverlo. En un mundo que a veces puede ser muy negativo, es vital que tomemos medidas para proteger nuestra salud mental y emocional.

Es útil saber que no estamos solos. Muchas personas experimentan situaciones similares y existen numerosos recursos disponibles para ayudarnos. Desde grupos de apoyo hasta libros de autoayuda y seminarios en línea, existen múltiples formas de obtener apoyo y orientación. El primer paso es tomar la decisión de buscar ayuda y comenzar a hacer cambios positivos en nuestras vidas.

Capítulo 7:
El Poder del Optimismo en el Ambiente Laboral

El optimismo puede ser una poderosa herramienta para mejorar nuestra experiencia y rendimiento laboral. Al cultivar una actitud positiva, podemos enfrentar mejor los desafíos, mejorar nuestras relaciones laborales, mejorar nuestra salud y prosperar en nuestras carreras.

El ambiente laboral puede presentar su propio conjunto de desafíos, desde plazos ajustados y alta presión hasta el trato con compañeros de trabajo y jefes difíciles. Sin embargo, mantener una actitud optimista puede marcar una gran diferencia en nuestra capacidad para navegar por estos desafíos y prosperar en el lugar de trabajo.

El optimismo puede influir positivamente en nuestro rendimiento laboral de varias maneras. Primero, puede ayudarnos a mantener la calma y la claridad mental, incluso en situaciones de alto estrés. Cuando somos optimistas, somos más capaces de ver los problemas como oportunidades de crecimiento y aprendizaje, en lugar de amenazas insuperables. Esta perspectiva puede permitirnos abordar los desafíos con mayor creatividad y eficacia.

Además, el optimismo puede fortalecer nuestras relaciones laborales. Los optimistas tienden a ser personas más agradables para trabajar, ya que su actitud positiva puede ser contagiosa e inspirar a los demás a adoptar una perspectiva más positiva. También son más propensos a trabajar de manera cooperativa y efectiva en equipo, ya que tienden a buscar soluciones en lugar de centrarse en los problemas.

El optimismo también puede tener un impacto positivo en nuestra salud en el lugar de trabajo. Los estudios han demostrado que los optimistas tienden a tener menos enfermedades y a recuperarse más rápidamente cuando se enferman. También tienen menos probabilidades de experimentar estrés crónico y agotamiento, lo cual puede mejorar tanto su rendimiento laboral como su satisfacción laboral.

El optimismo, definido como una expectativa generalizada de que sucederán buenos resultados en la vida, tiene implicancias profundas en la salud y bienestar de los individuos, según indican numerosos estudios. Este concepto se aplica a distintos ámbitos de nuestra vida, incluyendo la salud y el ambiente laboral.

Las personas optimistas parecen tener un sistema inmunológico más fuerte y tienden a enfermarse menos. Cuando se enfrentan a una enfermedad, su actitud positiva y su creencia en un desenlace favorable pueden acelerar el proceso de recuperación. Este fenómeno se ha observado en afecciones que van desde el resfriado común hasta enfermedades más graves.

Además, el optimismo parece funcionar como un escudo protector contra el estrés crónico y el agotamiento laboral, condiciones que pueden mermar la salud y el rendimiento en el trabajo. El optimismo contribuye a una mayor resistencia psicológica, ayudando a las personas a manejar situaciones estresantes de manera más efectiva. En lugar de ver los problemas como insuperables, los optimistas tienden a verlos como desafíos temporales y manejables, y buscan activamente soluciones. Esto ayuda a reducir la sensación de estrés y a prevenir el agotamiento.

Este enfoque optimista no solo puede mejorar la eficacia en el trabajo, sino también la satisfacción laboral. Los optimistas suelen disfrutar más de lo que hacen, afrontan las tareas con entusiasmo y tienen una mayor sensación de logro. Este compromiso y satisfacción en su trabajo, a su vez, puede llevar a un mejor rendimiento.

Por lo tanto, el optimismo no solo contribuye a una menor prevalencia de enfermedades y a una recuperación más rápida, sino que también puede ayudar a evitar el estrés crónico y el agotamiento, lo que resulta en una mejor productividad y satisfacción laboral.

El optimismo puede ayudarnos a tener éxito en nuestras carreras. Los optimistas son más propensos a establecer y perseguir metas ambiciosas, lo que puede llevar a logros más altos. También son más resistentes frente a los contratiempos y pueden recuperarse más rápidamente del fracaso.

Cómo el optimismo puede mejorar nuestra productividad y satisfacción laboral y cómo gestionar el estrés con una perspectiva positiva.

El optimismo puede mejorar nuestra productividad y satisfacción laboral al aumentar nuestra motivación, resiliencia y satisfacción en el trabajo. Además, puede ayudarnos a gestionar el estrés de manera más eficaz al permitirnos interpretar las situaciones estresantes de manera más positiva.

El optimismo juega un papel fundamental en nuestra vida laboral. No sólo afecta a nuestra salud y bienestar, sino que también tiene un impacto significativo en nuestra productividad y satisfacción laboral. Los optimistas tienen una visión positiva del futuro, creen en sus habilidades y esperan resultados favorables, lo que les permite afrontar las dificultades laborales con una mentalidad proactiva y resiliente.

La productividad está fuertemente vinculada con la actitud con la que abordamos nuestras tareas laborales. Los optimistas, al esperar resultados positivos, están más motivados para esforzarse y trabajar duro, lo que les lleva a ser más productivos. Además, al ver los desafíos como oportunidades para aprender y crecer, los optimistas suelen tener una mayor capacidad para innovar y resolver problemas, lo que también aumenta su productividad.

La satisfacción laboral, por otro lado, se refiere a cuán contentos y satisfechos estamos con nuestro trabajo. Los optimistas suelen encontrar más satisfacción en su trabajo porque se centran en los aspectos positivos y ven las dificultades como temporales y superables. Esta visión positiva les permite disfrutar más de su trabajo y tener una mayor sensación de logro.

Por último, el optimismo también es una herramienta valiosa para la gestión del estrés. Los optimistas interpretan las situaciones estresantes de una manera más positiva, lo que les ayuda a afrontar el estrés de manera más eficaz. En lugar de dejarse abrumar por el estrés, los optimistas lo ven como un desafío a superar y buscan activamente soluciones. Esta actitud les permite mantenerse calmados y centrados bajo presión, lo que a su vez les ayuda a tomar decisiones más eficaces y a evitar el agotamiento laboral.

Cómo manejar el estrés laboral con un enfoque optimista.

Manejar el estrés laboral con un enfoque optimista implica ver los desafíos como oportunidades, ser amable consigo mismo, cuidar de la salud y practicar la gratitud. Estas estrategias pueden ayudar a afrontar el estrés laboral de una manera más saludable y productiva.

El manejo del estrés laboral con un enfoque optimista es posible a través de varias estrategias. Primero, el optimismo implica ver los desafíos como oportunidades para aprender y crecer, en lugar de verlos como obstáculos insuperables. Esta mentalidad ayuda a afrontar las situaciones estresantes de manera proactiva, buscando soluciones en lugar de quedarse atascado en el problema.

Por ejemplo, en lugar de sentirte abrumado por una carga de trabajo pesada, un optimista podría verlo como una oportunidad para mejorar sus habilidades de organización y gestión del tiempo.

También podrían buscar ayuda de sus colegas o superiores, viendo esto como una oportunidad para fortalecer las relaciones laborales y aprender de los demás.

Además, el optimismo puede ayudar a reducir el estrés laboral mediante la promoción de la autocompasión. Los optimistas tienden a ser amables consigo mismos cuando las cosas no salen como se esperaba, lo que puede reducir la ansiedad y el estrés.

El optimismo también puede influir en nuestro autocuidado. Las personas optimistas tienden a cuidar mejor su salud, lo que puede ayudar a manejar el estrés laboral. Esto puede incluir mantener una dieta equilibrada, hacer ejercicio regularmente, dormir lo suficiente y tomarse tiempo para relajarse y disfrutar de las actividades que les gustan.

Por último, el optimismo puede ayudar a manejar el estrés laboral al fomentar la gratitud. Centrarse en los aspectos positivos de nuestro trabajo, incluso en medio de dificultades, puede ayudar a mantener una actitud positiva y reducir el estrés.

Capítulo 8:
Fortaleza en la Adversidad

El optimismo puede ser una fuerza poderosa en tiempos de adversidad, proporcionando resiliencia, esperanza y apoyo social. Al cultivar una mentalidad optimista, podemos equiparnos mejor para enfrentar y superar los desafíos que la vida nos presenta.

El optimismo es una herramienta poderosa que nos puede ayudar a navegar con éxito en momentos de adversidad. En la vida, todos enfrentamos desafíos y dificultades. No obstante, la forma en que percibimos y respondemos a estas adversidades puede determinar en gran medida nuestra capacidad para superarlas. Aquí es donde el optimismo entra en juego.

El optimismo nos permite ver la adversidad como una oportunidad para crecer y aprender, en lugar de como un obstáculo insuperable. Esta actitud nos ayuda a mantenernos centrados en nuestras capacidades y potencial, y nos proporciona la motivación necesaria para superar los obstáculos y perseverar en busca de nuestras metas.

Además, los optimistas suelen ser resilientes, lo que significa que pueden adaptarse y recuperarse rápidamente de las dificultades. Esta resiliencia puede ser clave para mantener el bienestar emocional durante tiempos difíciles y también puede mejorar nuestra capacidad para manejar el estrés y recuperarnos de los reveses.

Otro aspecto del optimismo que puede ser beneficioso en momentos de adversidad es la esperanza. Los optimistas suelen tener una fuerte creencia en un futuro mejor, lo que puede servir como un faro de esperanza en momentos oscuros. Esta esperanza puede proporcionarnos la energía y el coraje necesarios para seguir adelante, incluso cuando las cosas parecen desalentadoras.

Por último, los optimistas tienden a tener una red de apoyo social más fuerte, lo que puede ser inmensamente útil en tiempos de adversidad. Al creer en lo mejor de las personas y mantener una actitud positiva, los optimistas pueden atraer a personas de mentalidad similar y construir relaciones sólidas y de apoyo.

El Papel del Optimismo

El papel del optimismo en nuestra vida es fundamental. Nos permite enfrentar la vida con esperanza y positividad, y nos da la fortaleza para superar los desafíos y alcanzar nuestras metas.

El optimismo juega un papel fundamental en nuestra vida, influyendo en cómo percibimos y respondemos a las situaciones que nos encontramos en nuestro camino.

El optimismo es una perspectiva positiva hacia la vida, una creencia de que las cosas saldrán bien, independientemente de los obstáculos o dificultades que se presenten. Este enfoque optimista nos impulsa a ver las dificultades como temporales y superables, en lugar de permanentes e insuperables.

En el contexto del bienestar personal, el optimismo puede ayudar a mejorar nuestra salud mental y física. Los estudios han demostrado que los optimistas tienden a tener una mejor salud cardiovascular, un sistema inmunológico más fuerte, y son menos propensos a la depresión y al estrés crónico.

En cuanto a las relaciones personales, el optimismo puede ayudarnos a construir relaciones más sólidas y satisfactorias. Los optimistas tienden a tener una visión más positiva de las personas y son más propensos a establecer y mantener relaciones saludables.

En el ámbito laboral, el optimismo puede llevar a un mayor compromiso, productividad y satisfacción laboral. Los optimistas tienden a ver los desafíos como oportunidades para aprender y crecer, y esta mentalidad puede ayudarlos a tener éxito en sus carreras.

En tiempos de adversidad, el optimismo se convierte en una herramienta esencial de resiliencia. Nos ayuda a mantener la esperanza y a perseverar frente a los obstáculos, permitiéndonos superar las dificultades y salir fortalecidos.

Cómo mantener una mentalidad positiva

Durante los desafíos y cómo el optimismo puede ser un recurso vital para superar los obstáculos.

Mantener una mentalidad positiva durante los desafíos y cultivar el optimismo puede ser vital para superar los obstáculos y prosperar en medio de las adversidades.

En cuanto al optimismo como recurso para superar los obstáculos, este puede ser de gran ayuda para la resiliencia. El optimismo no niega la existencia de problemas, sino que te permite ver los desafíos como oportunidades de crecimiento y aprendizaje, y te ayuda a seguir adelante a pesar de las dificultades. Los optimistas tienden a creer que pueden influir en los acontecimientos y mejorar su situación, lo que les da la fortaleza para luchar contra los obstáculos y superarlos.

Aquí te dejamos algunas estrategias que pueden ayudarte:

Afrontamiento activo: No evites los problemas, encáralos de frente. Encuentra formas constructivas de resolver las dificultades. Busca soluciones en lugar de quedarte atrapado en los problemas.

El afrontamiento activo es una estrategia poderosa y eficaz para manejar situaciones desafiantes o estresantes. En lugar de evitar los problemas o dejar que nos abrumen, enfrentarlos de frente nos permite tomar control de la situación. Esta actitud proactiva implica la identificación de problemas y la búsqueda de soluciones prácticas y efectivas.

En la vida, es normal encontrarse con obstáculos o desafíos. Algunos pueden ser pequeños y fáciles de superar, mientras que otros pueden ser grandes y abrumadores. Sin embargo, la clave para manejar estos desafíos está en cómo respondemos a ellos.

En lugar de quedarte atascado en el problema, obsesionándote con lo mal que es o lamentándote por tu mala suerte, intenta buscar formas de solucionarlo. Empieza por comprender el problema: ¿qué es exactamente lo que está mal? ¿Cuál es la causa raíz del problema? Una vez que hayas entendido bien el problema, podrás idear un plan para solucionarlo.

Además, trata de ver los problemas como oportunidades de aprendizaje y crecimiento. Cada desafío que superas te hace más fuerte y más capaz. En lugar de sentirte abrumado por los obstáculos en tu camino, ve cada uno de ellos como un escalón que te llevará a un nivel más alto.

La vida está llena de altibajos. Pero con el afrontamiento activo, podemos superar los desafíos y prosperar a pesar de ellos. Este enfoque requiere valentía, determinación y optimismo, pero la recompensa es una mayor resiliencia, autoeficacia y satisfacción con la vida.

Recuerda, no es lo que te pasa en la vida lo que determina tu felicidad y éxito, sino cómo reaccionas a ello. Así que la próxima vez que te enfrentes a un desafío, no te rindas ni lo evites. Enfrenta el problema, busca soluciones y sigue adelante con confianza y optimismo.

Reestructuración cognitiva: Identifica y desafía tus pensamientos negativos. Practica el reemplazo de pensamientos negativos por positivos y reales. Esta es una técnica psicológica muy eficaz para cultivar el optimismo.

La reestructuración cognitiva es un proceso poderoso que implica identificar y desafiar nuestros pensamientos y creencias negativas y cambiarlas por otras más positivas y realistas. Este método, ampliamente utilizado en terapias cognitivas y cognitivo-conductuales, es especialmente efectivo para cultivar el optimismo.

Todos tenemos una charla interna, esas voces en nuestras cabezas que comentan, juzgan y interpretan nuestras experiencias. A veces, esta charla interna puede ser negativa o autocrítica, lo que nos lleva a interpretar eventos de manera pesimista. La reestructuración cognitiva nos ayuda a cambiar este patrón.

El proceso comienza con la identificación de nuestros pensamientos negativos automáticos. Por ejemplo, podemos darnos cuenta de que a menudo pensamos cosas como "nunca voy a tener éxito en esto" o "siempre me pasan cosas malas". Una vez que hemos identificado estos pensamientos, el siguiente paso es desafiarlos.

¿Es realmente cierto que nunca tendrás éxito? ¿Siempre te pasan cosas malas, o es sólo que tiendes a enfocarte más en las negativas? Cuestionar la validez de tus pensamientos negativos puede ayudarte a ver que a menudo son exagerados o simplemente no ciertos.

Finalmente, una vez que hayas desafiado tus pensamientos negativos, puedes reemplazarlos por pensamientos más positivos y realistas. En lugar de "nunca voy a tener éxito en esto", podrías decirte a ti mismo: "esto es difícil, pero voy a seguir intentándolo y aprendiendo". Este nuevo pensamiento es más optimista, pero también realista: reconoce el desafío, pero también tu capacidad para enfrentarlo y superarlo.

La reestructuración cognitiva puede requerir práctica, pero con el tiempo puede convertirse en una herramienta eficaz para mejorar tu optimismo y bienestar general. Es un paso crucial en el camino hacia una vida más positiva y satisfactoria.

Práctica de la gratitud: En medio de los desafíos, a menudo olvidamos las cosas buenas de nuestra vida. Tomarte un momento para agradecer puede cambiar tu enfoque de lo negativo a lo positivo.

La gratitud es un componente fundamental para mantener una mentalidad optimista, incluso durante los momentos de adversidad. A veces, cuando estamos atravesando desafíos, es fácil perder de vista las cosas buenas que suceden en nuestras vidas, ya que nuestra atención puede verse absorbida por las dificultades presentes. Aquí es donde la práctica de la gratitud puede ser especialmente beneficiosa.

La gratitud es el acto de reconocer y agradecer las cosas positivas, las bendiciones y las alegrías de la vida, independientemente de cuán grandes o pequeñas sean. Puede ser tan simple como apreciar el calor del sol en un día frío, la amabilidad de un extraño, o el hecho de tener un techo sobre la cabeza.

La práctica habitual de la gratitud puede cambiar nuestra atención de los aspectos negativos de nuestra vida a los positivos. Al centrarnos en lo que tenemos y apreciamos, en lugar de lo que nos falta o lo que está mal, podemos transformar nuestra perspectiva, y por ende, nuestro estado de ánimo y bienestar emocional.

Una forma de practicar la gratitud es llevar un diario donde cada día escribas tres cosas por las que te sientes agradecido. Puedes hacer esto por la mañana para comenzar el día con una mentalidad positiva, o por la noche, como una forma de terminar el día en un tono de positividad y serenidad.

Al principio, puede que te resulte difícil, especialmente si estás pasando por una situación complicada. Pero con el tiempo, notarás cómo esta práctica sencilla puede tener un impacto enorme en tu bienestar emocional y en tu capacidad para enfrentar los desafíos con una actitud más positiva y optimista. La gratitud puede ser un poderoso antídoto contra la adversidad.

Cuidado personal: El estrés y la ansiedad pueden agotarte física y mentalmente. Asegúrate de cuidar tu salud física, comiendo bien, durmiendo lo suficiente y haciendo ejercicio regularmente.

El cuidado personal es esencial cuando se trata de mantener una mentalidad optimista, especialmente durante períodos de adversidad. El estrés y la ansiedad no sólo pueden tener un impacto negativo en nuestra salud mental, sino que también pueden causar estragos en nuestra salud física.

Por lo tanto, es esencial que prestemos atención a nuestras necesidades físicas para mantener nuestro bienestar general.

Primero, la alimentación es crucial. La comida es la fuente de energía de nuestro cuerpo, y lo que comemos puede tener un impacto directo en nuestro estado de ánimo y energía. Una dieta balanceada y nutritiva, rica en frutas, vegetales, proteínas y granos enteros, puede proporcionarnos la energía que necesitamos para enfrentar el día y mantener nuestro cerebro en condiciones óptimas.

El sueño es otra parte fundamental del cuidado personal. Cuando estamos estresados o ansiosos, nuestro sueño puede verse afectado, lo que a su vez puede empeorar nuestro estado de ánimo y nuestra capacidad para manejar el estrés. Por lo tanto, es importante hacer del sueño una prioridad, estableciendo una rutina de sueño regular y asegurándonos de que nuestro ambiente de sueño sea propicio para el descanso.

Finalmente, el ejercicio regular puede ser una herramienta eficaz para manejar el estrés y fomentar el optimismo. El ejercicio libera endorfinas, las llamadas "hormonas de la felicidad", que pueden mejorar nuestro estado de ánimo y aliviar los síntomas del estrés y la ansiedad. Además, el ejercicio regular puede ayudarnos a dormir mejor y a tener más energía durante el día.

Apoyo social: Rodearte de personas positivas y de apoyo puede ser de gran ayuda. No dudes en pedir ayuda o consejo cuando lo necesites.

El apoyo social juega un papel crucial en el manejo de la adversidad y el mantenimiento de una actitud optimista. Estar rodeado de personas que te brindan apoyo emocional, brindan consejos y fomentan tu bienestar puede hacer una gran diferencia en cómo enfrentas los desafíos.

En primer lugar, las personas que te rodean pueden proporcionar una perspectiva diferente y ayudarte a ver las situaciones desde un ángulo nuevo y más positivo. Pueden ayudarte a identificar soluciones a los problemas que tal vez no habías considerado y a mantenerte motivado para seguir adelante.

Además, el apoyo social puede ayudar a mitigar el impacto del estrés. Sentirse comprendido y respaldado puede ayudarte a sentirte menos solo en tu lucha y a reducir la ansiedad y el estrés que puedes estar experimentando.

No tengas miedo de pedir ayuda cuando la necesites. Puede ser que necesites consejos sobre cómo manejar una situación, o simplemente necesites a alguien que te escuche. Recordar que no estás solo en tus luchas y que hay personas que se preocupan por ti y quieren ayudarte puede ser un fuerte impulso para tu optimismo.

Rodearte de personas positivas y de apoyo no solo puede ayudarte a superar la adversidad, sino que también puede fomentar un ambiente que fomente el optimismo. Al buscar y cultivar estas relaciones, puedes construir una red de apoyo que te ayude a mantener una actitud positiva incluso en medio de los desafíos.

Capítulo 9: Desmitificando el Optimismo

El optimismo es una poderosa herramienta para afrontar los desafíos y buscar el crecimiento personal. Al entender lo que realmente significa ser optimista, podemos desmantelar los mitos que nos limitan y abrazar el verdadero poder del optimismo.

Este capítulo se centra en desmantelar algunos de los mitos más comunes que rodean el concepto del optimismo. Muchas personas asumen que ser optimista significa ignorar los problemas y mirar el mundo a través de gafas color de rosa. Sin embargo, el verdadero optimismo es mucho más que una visión positiva irreal.

El optimismo genuino no se trata de negar la realidad o evitar los problemas. En cambio, se trata de una perspectiva realista que reconoce tanto los desafíos como las oportunidades que estos pueden traer. Los optimistas entienden que la vida no siempre es fácil y que todos enfrentamos contratiempos. Sin embargo, también creen en su capacidad para afrontar estos desafíos y buscan activamente soluciones en lugar de quedarse atrapados en el problema.

Otro mito común es que el optimismo es una característica innata, algo con lo que se nace. Sin embargo, la investigación ha demostrado que el optimismo puede ser aprendido y cultivado con la práctica y la paciencia. Técnicas como la reestructuración cognitiva, el establecimiento de metas y la gratitud pueden ser herramientas eficaces para fomentar una mentalidad optimista.

Además, el optimismo no significa ser feliz todo el tiempo. Es normal y saludable experimentar una gama completa de emociones, incluyendo aquellas que consideramos negativas como la tristeza, el miedo o la ira. Los optimistas entienden esto y no se castigan a sí mismos por tener días malos. En cambio, ven estos momentos como temporales y buscan formas de cuidar de sí mismos y moverse a través de estas emociones.

Ser optimista no significa ignorar la realidad sino afrontarla con una mentalidad positiva.

Ser optimista no implica eludir la realidad o vivir en una constante ilusión. Al contrario, se trata de reconocer las dificultades y retos que se presentan, pero afrontándolos con una mentalidad positiva. Los optimistas entienden que la vida tiene sus altibajos y que no todo será perfecto. Sin embargo, en lugar de sumirse en la negatividad, eligen mantener una actitud constructiva y buscar soluciones.

Cuando nos encontramos con obstáculos en nuestro camino, es natural sentir miedo, frustración o tristeza. Sin embargo, el optimismo nos proporciona la capacidad de ver más allá de estos sentimientos inmediatos y de percibir las dificultades como oportunidades para aprender y crecer. Esto no significa minimizar o ignorar los problemas, sino tratar de abordarlos de la manera más productiva y saludable posible.

La verdadera fuerza del optimismo radica en su capacidad para cambiar nuestra perspectiva de los problemas. Los desafíos pueden verse como amenazas que nos provocan estrés y ansiedad, o como oportunidades para desarrollar nuevas habilidades, fortalecer nuestra resiliencia y aprender valiosas lecciones de vida. Los optimistas tienden a adoptar esta última perspectiva, y esto les permite enfrentar los desafíos con esperanza y determinación.

El optimismo no niega la existencia de problemas, sino que nos ayuda a manejarlos de una manera que minimiza su impacto negativo y maximiza nuestra capacidad para encontrar soluciones.

Al mantener una actitud positiva, nos damos a nosotros mismos la oportunidad de aprender de nuestras experiencias, adaptarnos a nuevas circunstancias y seguir adelante con confianza y esperanza. Esta es la verdadera esencia del optimismo: no se trata de ignorar la realidad, sino de afrontarla con una mentalidad positiva.

El optimismo es una herramienta poderosa para manejar los desafíos de la vida. No se trata de rehuir las dificultades o fingir que no existen; es un enfoque mental que nos permite enfrentar las adversidades con esperanza y perseverancia, viendo oportunidades donde otros solo ven obstáculos.

El optimismo nos invita a mantener una actitud positiva, lo que significa adoptar una visión de vida en la que siempre hay lugar para el aprendizaje y el crecimiento. No importa cuán complicada sea una situación, el optimismo nos motiva a buscar lecciones valiosas en ella. Cada experiencia, buena o mala, se convierte en una oportunidad para adquirir conocimiento y sabiduría.

Además, el optimismo nos ayuda a adaptarnos a nuevas circunstancias. En un mundo en constante cambio, la adaptabilidad es clave para superar desafíos.

Un enfoque optimista nos permite ver el cambio no como una amenaza, sino como una oportunidad para evolucionar y mejorar.

Y, por último, el optimismo nos brinda confianza y esperanza. Nos proporciona la fuerza para seguir adelante, incluso cuando el camino se torna difícil. Nos permite creer en nuestras capacidades y en nuestras posibilidades de éxito, y esta creencia nos impulsa a seguir adelante y a no rendirnos, incluso en los momentos más duros.

Por lo tanto, la esencia del optimismo no radica en ignorar la realidad, sino en enfrentarla con una mentalidad positiva. Es acerca de elegir ver el vaso medio lleno en lugar de medio vacío, de buscar el lado bueno de las cosas, y de enfrentar cada día con la confianza de que podemos manejar lo que sea que la vida nos arroje. Es esta mentalidad la que nos permite superar los obstáculos y vivir una vida más satisfactoria y significativa.

Capítulo 10:
Optimismo como Clave para la Felicidad

El optimismo no es una receta mágica para la felicidad, pero sí es una herramienta poderosa que nos puede ayudar a cultivar una vida más plena y satisfactoria. Al adoptar un enfoque optimista de la vida, podemos mejorar nuestra salud mental y física, lograr nuestras metas, fortalecer nuestras relaciones y, en última instancia, aumentar nuestra felicidad. Como Brian Tracy ha enfatizado en numerosas ocasiones, "La actitud es todo". Así, mantener una actitud optimista puede ser una de las claves más valiosas para desbloquear la felicidad en nuestra vida.

El optimismo se ha revelado en numerosos estudios como un componente vital para una vida feliz y satisfactoria. No se trata solo de ver el lado bueno de las cosas o mantener una sonrisa perpetua. En realidad, el optimismo es una mentalidad que puede influir profundamente en nuestra salud mental, bienestar físico y, en última instancia, en nuestra felicidad.

La base de la felicidad yace en nuestra percepción de la vida. Los optimistas, quienes ven oportunidades en los desafíos y se enfocan en las soluciones en lugar de los problemas, se sienten más satisfechos y alegres en su vida diaria. Son capaces de manejar el estrés de manera más efectiva, se adaptan a los cambios con facilidad y mantienen una actitud resiliente frente a la adversidad.

Ser optimista significa adoptar una actitud positiva y proactiva ante la vida. Los optimistas ven oportunidades donde otros ven obstáculos, manejan el estrés de manera efectiva, se adaptan a los cambios con facilidad y muestran una gran resiliencia frente a la adversidad. Esta mentalidad optimista les permite vivir una vida más satisfactoria, alegre y plena.

Los optimistas tienen una habilidad especial para encontrar oportunidades en medio de los desafíos. En lugar de rendirse frente a los obstáculos, ven cada dificultad como una oportunidad para aprender, crecer y mejorar. Esta mentalidad les permite enfrentar los problemas de la vida con una actitud proactiva y resolutiva, centrándose en buscar soluciones en lugar de quedarse atascados en los problemas.

Además, su actitud positiva les ayuda a gestionar el estrés de una manera más efectiva. En lugar de sentirse abrumados por las presiones de la vida, los optimistas pueden mantener la calma y la serenidad, confiando en su capacidad para superar cualquier dificultad que se presente. Esto les permite mantener un estado de ánimo positivo y una alta energía, incluso en tiempos de estrés.

La adaptabilidad es otra característica clave de los optimistas. Están abiertos al cambio y son capaces de ajustarse a nuevas circunstancias con facilidad. En lugar de resistirse al cambio, lo ven como una oportunidad para explorar nuevas posibilidades y experiencias. Esta flexibilidad les permite navegar a través de la vida con gracia y agilidad.

Por último, los optimistas poseen una gran resiliencia frente a la adversidad. En lugar de dejarse abatir por las dificultades, se mantienen firmes y no pierden la esperanza. Confían en su capacidad para superar los desafíos y se mantienen enfocados en sus metas y sueños, sin importar los obstáculos que puedan encontrar en el camino.

El optimismo nos anima a abordar la vida con entusiasmo y a tomar medidas para alcanzar nuestras metas. Esto no solo nos ayuda a lograr un mayor éxito en diversas áreas de nuestra vida, sino que también contribuye a nuestra sensación general de satisfacción y realización.

Asimismo, el optimismo es fundamental para mantener relaciones saludables. Los optimistas tienden a ser más empáticos, abiertos y comprensivos en sus interacciones con los demás, lo que puede fortalecer sus vínculos y conexiones sociales. Las relaciones sólidas y gratificantes son un pilar fundamental para la felicidad.

Por último, el optimismo nos impulsa a cuidar de nosotros mismos, tanto física como mentalmente. Un estilo de vida saludable es esencial para nuestra felicidad, y mantener una actitud optimista puede motivarnos a hacer elecciones saludables y a mantener buenos hábitos.

Cómo el optimismo puede fomentar la felicidad, el bienestar y el éxito en todas las facetas de nuestra vida.

El optimismo es una poderosa herramienta que puede mejorar nuestra salud, rendimiento laboral, relaciones, éxito y felicidad en general. Adoptar una actitud optimista puede ser un paso fundamental hacia una vida más feliz, saludable y exitosa.

El optimismo puede ser el motor que impulse la felicidad, el bienestar y el éxito en todas las áreas de nuestra vida.

A continuación, se explica cómo este se manifiesta en diversas facetas:

Salud: Un enfoque optimista está correlacionado con una mejor salud física y mental. Los optimistas tienden a tener una mejor respuesta al estrés y una mayor resiliencia ante la adversidad, lo que puede llevar a una mejor salud en general.

Mantener una actitud optimista puede traducirse en grandes beneficios para nuestra salud tanto física como mental. Existen diversas investigaciones que han establecido una correlación directa entre un enfoque optimista y una mejor salud en general.

Por un lado, los optimistas suelen enfrentar el estrés de una manera más saludable. En lugar de percibir las situaciones estresantes como amenazas insuperables, los ven como desafíos temporales y manejables, cambiando la reacción biológica del cuerpo al estrés y disminuyendo el daño que este puede causar a nivel físico.

Por otro lado, la resiliencia, característica intrínseca del optimismo, juega un papel crucial al enfrentar situaciones adversas. Los optimistas no se rinden ante los contratiempos, sino que los afrontan con valentía y los superan con más eficacia.

Esto no sólo tiene un impacto positivo en la salud mental, ayudando a evitar trastornos como la depresión o la ansiedad, sino que también puede tener efectos beneficiosos para la salud física. El manejo efectivo del estrés y la superación de la adversidad pueden disminuir la presión arterial, mejorar la función inmunológica y conducir a una mayor longevidad.

Además, los optimistas suelen tener hábitos de vida más saludables. Suelen seguir dietas equilibradas, realizar actividad física regular y tener un sueño adecuado. Esto se debe a que el optimismo fortalece la creencia en nuestra capacidad para impactar positivamente en nuestra salud y bienestar.

Por lo tanto, el optimismo es una estrategia psicológica poderosa que puede contribuir a una vida más saludable, permitiéndonos afrontar los desafíos de la vida con resiliencia, superar las dificultades con gracia y manejar el estrés de manera efectiva.

Trabajo: En el entorno laboral, el optimismo puede influir en el rendimiento, la productividad y la satisfacción laboral. Los trabajadores optimistas suelen afrontar los desafíos con una actitud de solución de problemas y se adaptan más fácilmente a los cambios.

Relaciones: En nuestras relaciones personales, el optimismo puede fomentar una mayor satisfacción y conexiones más profundas. Los individuos optimistas suelen ser más agradables, apreciativos y capaces de manejar los conflictos de manera constructiva.

En nuestras relaciones personales, el optimismo desempeña un papel crucial y puede conducir a una mayor satisfacción, conexiones más profundas y experiencias más significativas. Los individuos optimistas aportan un valor único a las relaciones que mantienen, favoreciendo una interacción más positiva y constructiva.

Primero, los optimistas tienden a ser personas más agradables y alegres. Esto se debe a que tienden a ver el mundo desde una perspectiva más positiva, lo que se refleja en su forma de interactuar con los demás. Su actitud positiva puede ser contagiosa, contribuyendo a generar una atmósfera de amabilidad y positividad en sus relaciones.

Además, los individuos optimistas suelen ser más agradecidos. Practican la gratitud de manera habitual, lo que les permite valorar y apreciar más lo que tienen y lo que los demás hacen por ellos. Esta actitud de agradecimiento puede fortalecer sus vínculos con los demás, generando una mayor cercanía y conexión.

Por último, los optimistas son capaces de manejar los conflictos de manera más constructiva. En lugar de centrarse en los problemas y las discrepancias, buscan soluciones y tratan de encontrar puntos en común. Esta capacidad para resolver conflictos de manera eficiente y efectiva puede contribuir a mantener relaciones más saludables y satisfactorias.

En definitiva, el optimismo puede enriquecer nuestras relaciones personales en múltiples formas. Nos ayuda a interactuar con los demás de manera más positiva y constructiva, a apreciar más lo que tenemos y a manejar los conflictos de manera eficaz. En otras palabras, el optimismo puede ser la llave para establecer y mantener relaciones personales más satisfactorias y profundas.

Éxito: El optimismo puede ser un factor clave para alcanzar nuestras metas y sueños. Al creer en nuestras propias capacidades y en las posibilidades de éxito, podemos perseverar ante los obstáculos y mantenernos enfocados en nuestros objetivos.

El optimismo puede ser una herramienta poderosa para alcanzar el éxito. Nos proporciona la confianza para establecer y perseguir nuestras metas, la perseverancia para superar los obstáculos y la visión para imaginar un futuro exitoso.

Al adoptar una actitud optimista, podemos incrementar nuestras posibilidades de éxito y acercarnos cada vez más a la realización de nuestros sueños.

El optimismo es un factor clave para alcanzar nuestras metas y sueños, actuando como un propulsor hacia el éxito. Al tener una visión positiva del futuro, los individuos optimistas creen firmemente en sus propias capacidades y en las posibilidades de éxito, lo que les motiva a trabajar arduamente para lograr sus objetivos.

En primer lugar, el optimismo nos proporciona la confianza necesaria para establecer metas ambiciosas y perseguir nuestros sueños. Cuando somos optimistas, tendemos a creer en nuestras capacidades para enfrentar desafíos, superar obstáculos y lograr nuestros objetivos. Esta confianza puede ser un gran motivador, impulsándonos a tomar acción y esforzarnos por alcanzar nuestras metas.

Además, los optimistas suelen ser perseverantes. Cuando se encuentran con obstáculos, en lugar de desanimarse, los ven como oportunidades para aprender y crecer. Esta actitud les permite mantenerse enfocados en sus metas a pesar de los contratiempos y seguir adelante hasta alcanzar sus objetivos.

Por último, el optimismo nos permite mantener una visión positiva de nuestro futuro. Esto nos permite visualizar nuestros éxitos antes de que sucedan, lo que puede actuar como un potente estímulo para nuestros esfuerzos. Esta visualización del éxito futuro puede ayudarnos a mantener nuestra motivación y a trabajar de manera consistente hacia nuestras metas.

Felicidad: Por último, y quizás lo más importante, el optimismo puede fomentar una mayor felicidad y bienestar. Al centrarnos en lo positivo, podemos cultivar una mayor gratitud, alegría y satisfacción con la vida.

El optimismo puede ser un poderoso motor de felicidad y bienestar. Al centrarnos en lo positivo, cultivar la gratitud y afrontar los desafíos con resiliencia, podemos vivir una vida más feliz, satisfactoria y plena. Por eso, la práctica del optimismo puede ser una de las claves más importantes para la felicidad y el bienestar.

Finalmente, y quizás lo más importante, el optimismo puede ser un poderoso catalizador para fomentar una mayor felicidad y bienestar en nuestra vida. Centrándonos en lo positivo y viendo el vaso medio lleno en lugar de medio vacío, somos capaces de cultivar una mayor gratitud, alegría y satisfacción con la vida.

El optimismo nos permite ver lo mejor de cada situación, incluso en los tiempos difíciles. En lugar de quedarnos atascados en la negatividad o lamentarnos por lo que podría haber sido, los optimistas eligen ver las cosas desde una perspectiva positiva. Esto nos permite apreciar las cosas buenas de la vida, grandes o pequeñas, y encontrar alegría en las cosas más simples.

Además, el optimismo nos ayuda a cultivar la gratitud. Al centrarnos en lo positivo, somos más capaces de apreciar lo que tenemos en lugar de lamentarnos por lo que no tenemos. Esta gratitud puede llevar a una mayor satisfacción con la vida y un sentido general de bienestar.

Por último, el optimismo también puede aumentar nuestra resiliencia, permitiéndonos afrontar las adversidades con mayor facilidad. En lugar de sentirnos abrumados por los desafíos, los optimistas ven las dificultades como oportunidades para aprender, crecer y fortalecerse. Esta actitud nos permite seguir adelante con esperanza y confianza, a pesar de las dificultades que podamos encontrar en el camino.

El camino hacia una vida llena de optimismo

Embarcarse en el camino hacia una vida llena de optimismo implica tomar decisiones conscientes y consistentes que nos permitan cultivar una mentalidad positiva. Aquí hay algunas estrategias que pueden ayudar en este viaje.

Primero, es fundamental practicar el autocuidado. Esto significa cuidar de nuestra salud física, emocional y mental. Realizar actividades que nos gusten, llevar una dieta equilibrada, hacer ejercicio regularmente, dormir lo suficiente y tomar tiempo para relajarnos y recargarnos pueden contribuir en gran medida a mantener una actitud positiva.

En segundo lugar, es útil adoptar la práctica de la gratitud. Reconocer y agradecer las cosas buenas de nuestra vida nos ayuda a centrarnos en lo positivo y a valorar lo que tenemos. Puede ser tan sencillo como llevar un diario de gratitud o tomar un momento al final del día para reflexionar sobre lo que nos ha hecho felices.

Otra estrategia es la reestructuración cognitiva, que implica identificar y desafiar nuestros pensamientos negativos.

Al reemplazar estos pensamientos por otros más positivos y realistas, podemos cambiar nuestra perspectiva y fomentar un enfoque más optimista.

También es importante rodearnos de influencias positivas. Las personas con las que pasamos tiempo pueden tener un gran impacto en nuestra mentalidad. Buscar a aquellos que nos inspiren, nos apoyen y nos animen puede ayudarnos a mantener una actitud positiva.

Finalmente, debemos recordar que el optimismo no significa ignorar los problemas o dificultades. Significa afrontar estos desafíos con una mentalidad positiva, buscando soluciones y oportunidades de aprendizaje en lugar de quedarse estancado en los problemas.

El arte de ver el lado positivo de la vida

Ver el lado positivo de la vida es un arte que implica una visión optimista, una práctica consciente y una mentalidad resiliente. Aquí te explicamos cómo desarrollar este arte y mejorar tu bienestar emocional y tu satisfacción con la vida:

Fomenta la gratitud: La gratitud te ayuda a apreciar las bendiciones y las cosas buenas en tu vida.

Cultiva el hábito de anotar tres cosas por las que estás agradecido cada día. Pueden ser pequeños momentos de alegría, logros personales o actos de bondad que hayas recibido.

La gratitud es una poderosa emoción que nos permite reconocer y apreciar las cosas buenas de la vida. Nos ayuda a concentrarnos en lo positivo y a cultivar un sentimiento de bienestar y satisfacción.

Cultivar la gratitud no requiere grandes gestos ni mucho tiempo. Solo necesitas estar dispuesto a reflexionar sobre las cosas buenas que ocurren en tu vida. Para hacerlo, puedes establecer la práctica diaria de anotar tres cosas por las que estés agradecido. Aquí te explico cómo hacerlo:

Elige un momento del día: Puedes hacerlo por la mañana, para empezar el día con una actitud positiva, o por la noche, como una forma de reflexionar sobre los eventos del día. Encuentra el momento que mejor funcione para ti y conviértelo en una rutina.

Busca las cosas buenas: Aunque algunos días parezca que nada positivo ha ocurrido, siempre hay algo por lo que puedes estar agradecido. Pueden ser pequeños momentos de alegría, un cumplido que hayas recibido, una comida deliciosa, un logro personal, o incluso la bondad de un desconocido.

Escribe tus agradecimientos: Toma un cuaderno o una hoja de papel y anota las tres cosas por las que estás agradecido. Escribirlo no solo te ayudará a recordarlo, sino que también te permitirá volver a leer tus notas en días futuros.

Reflexiona: No te limites a escribir tus agradecimientos. Tómate un momento para reflexionar sobre ellos. ¿Por qué te hacen sentir agradecido? ¿Cómo han mejorado tu día? Al reflexionar, profundizarás tu sentimiento de gratitud.

Esta práctica de fomentar la gratitud puede parecer simple, pero tiene un impacto profundo. Con el tiempo, notarás que tu perspectiva se vuelve más positiva, te sientes más feliz y estás más satisfecho con tu vida. No te desesperes si al principio te resulta difícil encontrar cosas por las que estar agradecido, con la práctica, se volverá cada vez más fácil. Recuerda, la gratitud es un músculo que puedes entrenar.

Reestructura tus pensamientos: Los pensamientos negativos pueden nublar tu perspectiva y limitar tu capacidad para ver el lado positivo de la vida. Practica la reestructuración cognitiva, que implica identificar pensamientos negativos y reemplazarlos por pensamientos más positivos y realistas.

La reestructuración cognitiva es una técnica de terapia cognitivo-conductual que nos ayuda a cambiar patrones de pensamiento negativos y destructivos a pensamientos más positivos y constructivos. Este enfoque nos permite ver las situaciones de una manera más realista y menos amenazante, lo que puede ayudar a reducir la ansiedad, el estrés y otros sentimientos negativos. Veamos cómo ponerla en práctica:

Identificación de pensamientos negativos: El primer paso para la reestructuración cognitiva es ser consciente de tus pensamientos negativos. Estos a menudo se manifiestan en formas de "debería" o "no puedo", o se presentan como absoluto. Por ejemplo, "Debería ser perfecto" o "Nunca podré hacer esto bien". Al ser consciente de estos pensamientos, puedes empezar a cuestionarlos y a cambiarlos.

Cuestiona tus pensamientos: Una vez que has identificado un pensamiento negativo, es importante desafiarlo. ¿Es este pensamiento realista? ¿Es útil? ¿Qué evidencia tengo de que este pensamiento es verdadero? Al hacerte estas preguntas, puedes comenzar a ver que muchos de tus pensamientos negativos no se basan en la realidad, sino en tus propios miedos e inseguridades.

Reemplaza tus pensamientos: Ahora que has cuestionado tus pensamientos negativos, es el momento de reemplazarlos con pensamientos más positivos y realistas. Esto no significa simplemente pensar en algo "feliz", sino reemplazar el pensamiento negativo con uno más equilibrado. Por ejemplo, en lugar de "Nunca podré hacer esto bien", puedes pensar "Tengo el potencial para mejorar con la práctica y el esfuerzo".

Practica la paciencia: Recuerda que la reestructuración cognitiva es una habilidad que requiere práctica. No te desesperes si no ves cambios inmediatos. Con el tiempo, te resultará más fácil identificar y desafiar tus pensamientos negativos.

La reestructuración cognitiva puede ser una herramienta poderosa para cultivar el optimismo. Al cambiar tus pensamientos, puedes cambiar tus sentimientos, tus acciones y finalmente tu vida. Así que, cada vez que te encuentres atrapado en un ciclo de pensamiento negativo, recuerda: tienes el poder de cambiar tus pensamientos.

Afronta los desafíos con optimismo: Los problemas y desafíos son parte de la vida, pero tu actitud hacia ellos puede marcar una gran diferencia.

En lugar de ver los desafíos como obstáculos insuperables, considera las oportunidades de aprendizaje y crecimiento que pueden surgir de ellos.

La vida es una serie de altos y bajos, y todos enfrentamos desafíos en algún momento. Sin embargo, cómo respondemos a estos desafíos puede tener un gran impacto en nuestros resultados y nuestro bienestar general. El optimismo puede ser una herramienta poderosa para enfrentar los obstáculos de la vida, permitiéndonos ver los problemas como oportunidades para el crecimiento personal y el aprendizaje en lugar de amenazas a nuestra felicidad o éxito.

Cuando nos enfrentamos a un desafío, es natural experimentar emociones negativas como miedo, ansiedad o desesperanza. Estas emociones pueden hacer que nos sintamos atrapados o incluso que nos rindamos ante el desafío. Sin embargo, adoptar una perspectiva optimista puede cambiar nuestro enfoque de lo que está mal a lo que podría ser.

En lugar de ver el desafío como un obstáculo insuperable, podemos verlo como una oportunidad para aprender algo nuevo, para crecer como individuos o para encontrar nuevas soluciones a problemas antiguos.

Además, el optimismo puede aumentar nuestra resiliencia ante la adversidad. En lugar de permitir que los desafíos nos derriben, el optimismo puede darnos la fuerza para levantarnos de nuevo y seguir adelante. Puede ayudarnos a mantener la esperanza en momentos difíciles y a ver más allá de las dificultades presentes hacia un futuro más prometedor.

Afrontar los desafíos con optimismo no significa ignorar la realidad o evitar las emociones negativas. En cambio, se trata de mantener una perspectiva equilibrada y positiva, a pesar de las dificultades que podamos enfrentar. Requiere práctica y paciencia, pero con el tiempo, puede llevar a un mayor crecimiento personal, una mayor resiliencia y una mayor satisfacción en la vida.

Entonces, la próxima vez que te enfrentes a un desafío, trata de verlo desde una perspectiva optimista. Pregúntate a ti mismo: ¿qué puedo aprender de esta situación? ¿Cómo puedo crecer a partir de esto? Recuerda, no se trata de la dificultad del desafío, sino de cómo eliges enfrentarlo.

Practica el autocuidado: Mantener una salud física y mental óptima es esencial para poder ver el lado positivo de la vida. Come saludable, duerme lo suficiente, haz ejercicio regularmente y dedica tiempo a actividades que disfrutes.

El autocuidado es un componente esencial para mantener una perspectiva optimista de la vida. Nuestra salud física y mental están intrínsecamente conectadas, y si no cuidamos una, la otra también puede verse afectada. Aquí es donde entra en juego la práctica del autocuidado, ayudándonos a mantener una visión positiva y optimista de la vida.

En primer lugar, es fundamental llevar una dieta equilibrada y nutritiva. Los alimentos que consumimos pueden tener un impacto significativo en nuestra salud física, así como en nuestro estado de ánimo y energía. Una dieta rica en frutas, verduras, proteínas magras y granos enteros puede proporcionar los nutrientes que necesitamos para mantenernos saludables y energizados, ayudándonos a enfrentar los desafíos con una mentalidad positiva.

En segundo lugar, el sueño suficiente es crucial. Dormir bien nos permite recargar nuestras energías, revitalizar nuestro cuerpo y mente, y mantener nuestro enfoque y claridad mental. Un sueño insuficiente o de mala calidad puede hacernos sentir cansados, irritables y menos capaces de manejar el estrés, lo cual puede dificultar nuestra capacidad para mantener una actitud optimista.

El ejercicio regular también es vital. No solo mejora nuestra salud física, sino que también puede mejorar nuestro estado de ánimo y reducir el estrés y la ansiedad. Ya sea caminar, correr, hacer yoga o cualquier otra actividad que disfrutes, el ejercicio puede ser una excelente manera de cuidarte y fomentar una perspectiva positiva.

Por último, es importante tomarse un tiempo para las actividades que te traen alegría y satisfacción. Esto puede ser tan simple como leer un libro, pasar tiempo con seres queridos, aprender algo nuevo o simplemente disfrutar de un momento de tranquilidad. Estas actividades pueden ayudarte a recargar tus energías y a mantener una actitud positiva en la vida.

Cultiva relaciones saludables: Las personas que te rodean pueden influir en tu perspectiva de la vida. Rodéate de personas que te apoyen y te inspiren. Las relaciones saludables pueden nutrir tu bienestar emocional y ayudarte a mantener una visión positiva de la vida.

Las relaciones humanas son una parte vital de nuestras vidas. Nuestra interacción con otros puede tener un impacto significativo en nuestra perspectiva de la vida. Las relaciones saludables, basadas en el respeto mutuo, el apoyo y la comunicación abierta, pueden enriquecer nuestra existencia y fortalecer nuestra visión positiva de la vida.

En primer lugar, tener un círculo de apoyo sólido puede ser un baluarte contra las adversidades. Cuando te enfrentas a desafíos, tener a personas que te escuchan, te entienden y te brindan consejos puede hacer una gran diferencia. Este apoyo puede darte la fuerza y la resiliencia necesarias para superar los obstáculos y mantener una actitud optimista.

Además, las personas que te rodean pueden servir de inspiración. Aquellos que muestran una actitud positiva y optimista ante la vida pueden ayudarte a cultivar una mentalidad similar. Su actitud puede motivarte a ver las cosas desde una perspectiva más positiva y a enfrentar los desafíos con una actitud de crecimiento y aprendizaje.

Las relaciones saludables también pueden contribuir a tu bienestar emocional. Sentirte valorado y apreciado puede impulsar tu autoestima y tu autoimagen, lo que a su vez puede alimentar tu optimismo. Además, compartir momentos de alegría, gratitud y amor con los demás puede aumentar tu felicidad y satisfacción con la vida.

Por último, las relaciones saludables implican una comunicación abierta y sincera. Poder expresar tus pensamientos, sentimientos y preocupaciones sin temor a ser juzgado es esencial para tu salud emocional. Esta honestidad y apertura puede fortalecer tus relaciones, lo que a su vez puede reforzar tu actitud positiva y optimista.

Desarrolla la resiliencia: La resiliencia es la capacidad de recuperarte de las dificultades y adaptarte a los cambios. Desarrolla habilidades de afrontamiento efectivas, como la resolución de problemas, la gestión del estrés y el manejo de las emociones, para fortalecer tu resiliencia.

La resiliencia es un componente fundamental del optimismo, que nos permite enfrentar y superar los desafíos de la vida. Abarca la capacidad de manejar el estrés, superar la adversidad y adaptarse a nuevas circunstancias o cambios. Las personas resilientes no solo resisten las dificultades, sino que también aprenden de estas experiencias y salen fortalecidas. Desarrollar resiliencia puede enriquecer nuestro bienestar y nuestra capacidad para mantener una perspectiva positiva.

En primer lugar, una de las formas de desarrollar resiliencia es adquirir habilidades de afrontamiento efectivas.

Esto incluye aprender técnicas de manejo del estrés, como la meditación, el ejercicio físico o la escritura en un diario. Estas actividades pueden ayudarnos a calmarnos, a centrar nuestra mente y a liberar tensiones, lo que facilita la superación de los desafíos.

La resolución de problemas es otra habilidad esencial para la resiliencia. En lugar de evitar las dificultades, debemos enfrentarlas de frente y buscar soluciones. Esto puede requerir una evaluación cuidadosa de la situación, la generación de varias alternativas y la elección de la mejor opción basada en nuestras capacidades y recursos. Esta actitud proactiva puede fomentar una mentalidad de crecimiento y optimismo.

Además, el manejo efectivo de las emociones es fundamental para la resiliencia. Debe ser posible reconocer y aceptar nuestras emociones, incluso las negativas, y expresarlas de una manera saludable. Esto puede implicar hablar con un amigo de confianza, escribir nuestros sentimientos o buscar la ayuda de un profesional si es necesario. Al manejar nuestras emociones de manera saludable, podemos evitar que nos abrumen y mantener una perspectiva optimista.

En conclusión, desarrollar resiliencia puede fortalecer nuestro optimismo y nuestro bienestar. A través del manejo del estrés, la resolución de problemas y el manejo de las emociones, podemos superar los desafíos, adaptarnos a los cambios y mantener una perspectiva positiva en la vida. La resiliencia es, por lo tanto, una capacidad valiosa que puede nutrir nuestro optimismo y nuestro camino hacia la felicidad.

Cree en ti mismo: La confianza en uno mismo es clave para ver el lado positivo de la vida. Cree en tus habilidades, reconoce tus fortalezas y ten fe en tu capacidad para alcanzar tus metas.

La confianza en uno mismo es un elemento central para mantener una perspectiva optimista de la vida. Es un estado mental que refleja tu creencia en tus propias habilidades, fortalezas y potencial para alcanzar tus metas. Creer en ti mismo puede impulsarte a enfrentar desafíos, buscar oportunidades y persistir a pesar de los obstáculos. En este sentido, cultivar la autoconfianza es esencial para mantener el optimismo y alcanzar una vida satisfactoria.

En primer lugar, creer en ti mismo implica reconocer y valorar tus fortalezas. Todos poseemos habilidades y talentos únicos que podemos aprovechar para superar dificultades y lograr nuestras metas. Puedes explorar tus fortalezas reflexionando sobre tus éxitos pasados, buscando retroalimentación de los demás, o incluso realizando ejercicios de autoexploración y evaluaciones de personalidad. Al identificar tus fortalezas, puedes sentirte más seguro de tus capacidades y desarrollar una visión positiva de ti mismo.

En segundo lugar, la autoconfianza también se basa en la fe en tus propias habilidades para superar obstáculos y alcanzar tus metas. Esta fe puede fortalecerse estableciendo metas realistas y alcanzables, celebrando tus logros, y aprendiendo de tus fracasos. Estas prácticas pueden ayudarte a mantener un sentido de autoeficacia, que es la creencia en tu capacidad para tener éxito.

Además, creer en ti mismo implica cuidar de tu bienestar emocional. Esto puede incluir la práctica de la autoafirmación, el autocuidado, y la autocompasión. Estas prácticas pueden ayudarte a manejar el estrés y las emociones negativas, a fomentar una imagen positiva de ti mismo y a mantener una actitud optimista.

El arte de ver el lado positivo de la vida no se trata de ignorar los problemas o la negatividad, sino de elegir enfocarte en el potencial positivo que puede surgir de cada situación. Es una elección consciente que puede llevarte a una vida más feliz y satisfactoria.

Capítulo 11: Testimonios de Éxito

Prueba del Poder del Optimismo

Es un recopilatorio de historias inspiradoras que demuestran el poder transformador del optimismo en la vida de las personas. Cada relato ofrece una mirada íntima a las vidas de individuos que han superado obstáculos, alcanzado logros significativos y han vivido vidas plenas, todo gracias a su actitud optimista.

Por ejemplo, podríamos contar la historia de María, una mujer que a pesar de enfrentar graves problemas de salud y dificultades económicas, siempre mantuvo su espíritu optimista. A través de su determinación y mentalidad positiva, pudo superar sus desafíos, mejorar su situación y vivir una vida llena de propósito y felicidad.

Otra historia podría ser la de Juan, un emprendedor que, a pesar de numerosos fracasos, nunca perdió la fe en su sueño. Su optimismo y resiliencia le permitieron aprender de sus errores, adaptarse a las circunstancias y, finalmente, construir una empresa exitosa.

También podríamos incluir testimonios de individuos que han usado el poder del optimismo para mejorar sus relaciones personales, aumentar su bienestar emocional, o lograr sus metas de vida.

Estos testimonios de éxito no solo sirven como inspiración, sino que también demuestran el poder del optimismo en la vida real.

Historias inspiradoras y ejemplos de personas que han usado el poder del optimismo para cambiar su vida y alcanzar sus objetivos.

La capacidad de mantener una mentalidad optimista es una habilidad impresionante que puede desempeñar un papel transformador en nuestras vidas. Las siguientes historias son testimonios vivos de personas que han aprovechado el poder del optimismo para superar desafíos significativos y alcanzar sus objetivos.

Primero, tenemos a Carlos, quien después de perder su trabajo y pasar por una dolorosa separación, se encontró luchando contra la depresión. A pesar de la adversidad, Carlos decidió enfocarse en los aspectos positivos de su vida, adoptar una mentalidad optimista y comenzar a reconstruir su vida. Hoy, Carlos es el exitoso propietario de una pequeña empresa y atribuye su éxito y felicidad a su actitud positiva y optimista.

Otra historia inspiradora es la de Sofía, quien desde pequeña soñaba con ser bailarina. A pesar de los obstáculos y contratiempos que enfrentó, incluyendo lesiones y rechazos, nunca dejó que su espíritu se desmoronara. En lugar de ver estos desafíos como el final de su sueño, los consideró como oportunidades para aprender y crecer. Gracias a su persistente optimismo, Sofía es ahora una bailarina profesional reconocida a nivel internacional.

Por último, pero no menos importante, está Juan, quien tuvo una infancia difícil marcada por la pobreza. A pesar de las circunstancias, Juan siempre creyó en la posibilidad de un futuro mejor. Con una perspectiva optimista, trabajó duro, obtuvo una beca para la universidad, y se convirtió en un respetado ingeniero. La vida de Juan es un testimonio del poder del optimismo para cambiar la trayectoria de la vida de una persona.

Estas historias nos muestran cómo el optimismo, junto con la perseverancia, la resiliencia y la creencia en uno mismo, puede ser un factor decisivo en el camino hacia el éxito.

Capítulo 12: Creando un Futuro Optimista

Imagina por un momento que tienes ante ti una hoja de papel en blanco, una pluma y un sinfín de posibilidades. Este es tu futuro, y tú tienes el poder de decidir qué quieres dibujar en él.

¿Qué tipo de vida quieres crear? ¿Qué sueños deseas hacer realidad? ¿Cómo te gustaría ser recordado?

No importa cuál sea tu respuesta a estas preguntas, hay un ingrediente esencial que te ayudará a lograrlo: el optimismo.

El optimismo no es sólo un sentimiento pasajero, sino una actitud que puedes cultivar. No se trata de ignorar los desafíos o negar la realidad, sino de enfrentarte a las dificultades con una mentalidad positiva, reconociendo las oportunidades de aprendizaje y crecimiento que estos retos pueden ofrecerte.

El optimismo es mucho más que una emoción efímera, es una disposición mental que podemos nutrir y fortalecer.

Este no es un llamado a negar o ignorar los desafíos que se presentan en la vida, sino una invitación a enfrentarlos con una actitud positiva. Cuando adoptamos una perspectiva optimista, cambiamos nuestra visión de los problemas, de ser amenazas insuperables a convertirse en oportunidades para aprender y crecer.

El optimismo nos permite ver los obstáculos no como muros infranqueables, sino como desafíos que, aunque pueden ser difíciles, son superables. Al hacerlo, nos abrimos a nuevas perspectivas y posibilidades, nos volvemos más resilientes y capaces de adaptarnos a las circunstancias cambiantes.

Este enfoque optimista nos ayuda a descubrir lecciones valiosas en nuestras experiencias, incluso en las más desafiantes. Al cambiar nuestra mentalidad, podemos transformar nuestras adversidades en escalones que nos acerquen a nuestras metas y sueños. Así, el optimismo se convierte en una herramienta poderosa para nuestro crecimiento y desarrollo personal.

Cada día que te despiertes, tienes la opción de decidir cómo enfrentarás la jornada. Puedes optar por ver el vaso medio vacío, concentrarte en lo que te falta, o puedes optar por ver el vaso medio lleno, apreciar lo que tienes y buscar oportunidades para llenarlo aún más.

Al adoptar una mentalidad optimista, puedes transformar los obstáculos en escalones, los fracasos en lecciones y los problemas en posibilidades. Puedes mantener la esperanza incluso en los momentos más oscuros y perseguir tus sueños con determinación y confianza.

Adoptar una mentalidad optimista puede convertirse en un gran revulsivo para tu vida, capaz de convertir obstáculos en escalones hacia tus metas, fracasos en valiosas lecciones de vida y problemas en posibilidades de crecimiento y superación. El optimismo no es ser ciego ante las adversidades, sino enfrentarlas con una actitud que busca soluciones y aprendizajes en lugar de quedarse estancado en las dificultades.

El optimismo permite mantener viva la esperanza incluso en los periodos más oscuros. No significa que no tendrás días malos, sino que confiarás en que los días buenos están por venir. Esta actitud puede hacerte más resistente frente a los contratiempos y darte la capacidad para seguir adelante cuando las cosas se ponen difíciles.

Además, el optimismo fomenta la determinación y la confianza en uno mismo. Al creer que puedes superar los desafíos y alcanzar tus objetivos, estás más dispuesto a esforzarte y persistir en tus esfuerzos.

Esta actitud puede impulsarte a tomar acciones que te acerquen a tus sueños y te ayuden a alcanzar el éxito.

Así que, no importa cuán grandes sean los desafíos que te enfrentes, recuerda que con una mentalidad optimista, puedes transformar los obstáculos en oportunidades, aprender de los fracasos y seguir adelante con esperanza y confianza.

El camino del optimismo no siempre es fácil, pero es sin duda el más gratificante. No sólo te permite vivir con una mayor satisfacción y felicidad, sino que también te ayuda a ser más resiliente y a tener una mejor salud física y mental.

El recorrido hacia el optimismo no siempre es sencillo, pero sin duda es el más fructífero. Ser optimista no significa evitar o negar las dificultades, sino enfrentarlas con una actitud positiva y constructiva. El optimismo te permite encarar los desafíos con esperanza, convirtiendo cada obstáculo en una oportunidad para aprender y crecer.

La adopción de esta mentalidad positiva no sólo te permite vivir con mayor satisfacción y alegría, sino que también contribuye a fortalecer tu capacidad de resiliencia. Esta capacidad de adaptación y resistencia frente a los contratiempos es esencial para mantener una vida equilibrada y plena.

Además, ser optimista tiene beneficios significativos para tu salud física y mental. Estudios han demostrado que los optimistas suelen tener una mejor salud cardiovascular, un sistema inmunológico más fuerte y una mayor longevidad. También son menos propensos a sufrir de depresión y ansiedad.

Por último, el optimismo te permite vivir el presente con gratitud y mirar hacia el futuro con esperanza. Te ayuda a apreciar las cosas buenas de tu vida y a tener fe en que las cosas pueden mejorar. Aunque no puedes controlar todos los aspectos de tu vida, con una actitud optimista, puedes elegir cómo responder a ellos. Así que, elige el optimismo y empieza a crear un futuro más brillante y gratificante.

Así que te animo a que tomes esa pluma y comiences a dibujar el futuro que deseas, un futuro lleno de optimismo. Recuerda, el único límite es tu imaginación. Cada trazo que hagas es un paso más cerca de convertir tus sueños en realidad.

Como dijo alguna vez Helen Keller: "El optimismo es la fe que conduce al logro. Nada se puede hacer sin esperanza y confianza." Entonces, ¿qué estás esperando? Tu futuro optimista te está esperando, sólo tienes que dar el primer paso.

Como mantener el optimismo en el largo plazo y hacer que el pensamiento positivo sea una parte integral de tu vida

Se requiere dedicación, práctica y paciencia. Aquí te presentamos algunos consejos que pueden ayudarte:

Cultiva el hábito del pensamiento positivo: Puedes comenzar cada día recordándote a ti mismo las cosas por las que estás agradecido, o escribiendo afirmaciones positivas. Con el tiempo, estos hábitos te ayudarán a mantener una actitud optimista.

El cultivo del pensamiento positivo puede ser un cambio de vida. No se trata de ignorar la negatividad o los problemas de la vida, sino de cambiar tu enfoque y perspectiva hacia una actitud más constructiva y esperanzadora.

Comienza tu día con una mentalidad positiva. Al despertar, tómate unos momentos para recordar las cosas por las que estás agradecido. Puede ser algo tan sencillo como el sol brillando afuera, un techo sobre tu cabeza, una buena taza de café o la gente que amas. El simple acto de reconocer y apreciar lo que tienes puede tener un efecto increíblemente positivo en tu estado de ánimo y perspectiva.

Además, puedes practicar el uso de afirmaciones positivas. Las afirmaciones son declaraciones positivas y fortalecedoras que puedes decirte a ti mismo en momentos de estrés o desafío. Al repetirlas regularmente, puedes empezar a cambiar tu diálogo interno hacia una dirección más positiva y motivadora.

Aunque puede llevar algún tiempo adoptar estos hábitos, la recompensa vale la pena. Al cultivar el hábito del pensamiento positivo, te vuelves más resistente frente a los desafíos y adversidades. No sólo eso, también puedes influir positivamente en tu salud física y mental, tu bienestar general y la calidad de tus relaciones.

Recuerda, la práctica es clave. La positividad, como cualquier otra habilidad, necesita ser practicada regularmente para ser fortalecida. Y con el tiempo, verás cómo estos pequeños hábitos pueden llevar a grandes cambios en tu vida, ayudándote a mantener una actitud optimista y a enfrentarte a la vida con mayor confianza y esperanza.

Aprende a re-enmarcar los desafíos: Cuando te enfrentes a un obstáculo, en lugar de verlo como un problema, trata de verlo como una oportunidad de aprendizaje. Esta forma de pensar te ayudará a mantener un enfoque positivo incluso en tiempos difíciles.

Enfrentar desafíos es una parte inevitable de la vida. Todos nos encontramos con obstáculos en algún momento, y aunque pueden ser difíciles, también pueden ofrecer oportunidades únicas de aprendizaje y crecimiento.

Re-enmarcar los desafíos implica cambiar la forma en que percibes e interpretas estos obstáculos. En lugar de verlos como problemas insuperables, puedes elegir verlos como oportunidades para crecer y mejorar. Esta forma de pensar puede tener un efecto profundamente positivo en tu actitud y en cómo te enfrentas a los desafíos.

Imagina que te enfrentas a un proyecto difícil en el trabajo. Puedes elegir verlo como un problema estresante, o puedes verlo como una oportunidad para aprender algo nuevo, mejorar tus habilidades y demostrar tu capacidad para superar desafíos. El desafío es el mismo, pero tu actitud hacia él puede cambiar completamente tu experiencia.

Aprender a re-enmarcar los desafíos no siempre es fácil. Requiere práctica y paciencia. Sin embargo, con el tiempo, puedes empezar a cambiar tu mentalidad y a adoptar una actitud más optimista y resiliente.

Este enfoque puede ser increíblemente empoderador. En lugar de sentirte abrumado por los desafíos, puedes aprender a verlos como escalones en tu camino hacia el crecimiento y la mejora personal. Y al hacerlo, no sólo te vuelves más resiliente, sino que también puedes encontrar mayor satisfacción y alegría en tu vida.

Recuerda, no se trata de ignorar los problemas o negar la realidad. Se trata de cambiar tu enfoque y tu actitud, y de ver los desafíos como oportunidades en lugar de obstáculos. Este es el verdadero poder del optimismo

Mantén una actitud de gratitud: Practica la gratitud diariamente. Al concentrarte en las cosas positivas de tu vida, cultivarás una actitud de gratitud que te ayudará a mantener una perspectiva optimista.

La gratitud es una poderosa herramienta que puede tener un impacto profundo en nuestra mentalidad y bienestar emocional. Practicar la gratitud diariamente puede ayudarnos a mantener una perspectiva optimista, incluso en medio de los desafíos.

La gratitud nos permite concentrarnos en las cosas buenas de nuestra vida, en lugar de quedarnos atrapados en lo que nos falta o en lo que ha salido mal. Nos ayuda a valorar lo que tenemos, a apreciar nuestras bendiciones y a reconocer las cosas positivas, incluso en los momentos más difíciles.

Un acto tan sencillo como llevar un diario de gratitud puede tener un gran impacto en nuestra perspectiva. Anotar tres cosas por las que estás agradecido cada día puede ayudarte a centrarte en lo positivo y a cultivar una actitud de gratitud.

La gratitud también puede fomentar una mentalidad de abundancia. En lugar de concentrarte en lo que te falta, te centras en todo lo que tienes. Esto puede cambiar tu mentalidad de una de escasez a una de abundancia, lo que puede ser increíblemente enriquecedor y liberador.

Además, la gratitud puede mejorar nuestras relaciones con los demás. Al apreciar y reconocer a las personas que nos rodean, podemos fortalecer nuestras conexiones con ellos y fomentar una mayor armonía y entendimiento.

Conclusión

En conclusión, "Cómo ser optimista: Cultivando el poder del pensamiento positivo" nos invita a explorar el increíble poder del optimismo y su capacidad para transformar nuestras vidas. A lo largo del libro, hemos aprendido que el optimismo no es simplemente una disposición alegre o una negación de los desafíos de la vida. Es una actitud profunda y potente que nos permite ver oportunidades en los desafíos, crecer a través de las dificultades y avanzar hacia nuestras metas con esperanza y determinación.

El optimismo no es un don con el que se nace, sino una habilidad que se puede aprender y cultivar. Con práctica y paciencia, podemos aprender a re-enmarcar nuestros pensamientos negativos, a enfrentar los desafíos con una mentalidad de crecimiento y a cultivar la gratitud por las bendiciones de nuestra vida.

Además, el optimismo tiene beneficios poderosos. Nos permite mantenernos resilientes ante la adversidad, mejora nuestra salud física y mental, fortalece nuestras relaciones y nos impulsa hacia el éxito.

Pero quizás lo más importante de todo, el optimismo nos permite vivir nuestras vidas con una mayor sensación de alegría, satisfacción y propósito. Nos permite ver la belleza en nuestro mundo, valorar nuestras bendiciones y vivir cada día con gratitud y esperanza.

Así que te invito a embarcarte en este viaje de optimismo. No importa los desafíos que enfrentes, recuerda que tienes la capacidad de superarlos y de crecer a través de ellos. Cultiva el poder del pensamiento positivo, y transforma tu vida en una de alegría, éxito y satisfacción. Porque al final del día, ser optimista no sólo se trata de ver el lado positivo de la vida, sino de vivir la vida al máximo.

Lecturas recomendadas

Libros ofrecen diferentes enfoques y estrategias para fomentar el optimismo y el pensamiento positivo, lo que puede ser útil para aquellos que buscan desarrollar una mentalidad más optimista.

"Aprendiendo Optimismo" de Martin Seligman: Este libro del padre de la psicología positiva explora la idea de que el optimismo es una habilidad que se puede aprender y practicar. Proporciona estrategias prácticas para combatir el pensamiento negativo y promover una mentalidad más positiva.

"El Poder del Ahora" de Eckhart Tolle: Aunque no se centra exclusivamente en el optimismo, este libro es una guía excelente para vivir en el momento presente, una práctica que puede ayudar a fomentar el optimismo y la satisfacción con la vida.

"El Secreto" de Rhonda Byrne: Este libro se basa en la Ley de la Atracción, que sostiene que nuestros pensamientos pueden influir en nuestra realidad. Proporciona consejos y técnicas para cultivar pensamientos más positivos y optimistas.

OTRAS OBRAS DEL AUTOR

- Hábitos que resaltan tu personalidad

- 13 Hábitos de la gente altamente eficiente

- En busca de la Superación Personal

- Cómo y porqué aprender a sublimar tazas y thermos

- Como Crear un huerto para cultivos en casa

- El camino es la meta

- 13 Habits of highly efficient people

- Habits that highlight your personality

- Turismo de salud y bienestar

- Economías naranja

- Cuándo buscar consejería matrimonial

- La Inteligencia artificial al servicio de la humanidad

- Terapia de pareja cognitivo-conductual (TCC)

- Construye tu imagen de marca como autor

- Paz interior mediante meditación

- El Poder de los Hábitos Cotidianos

- Pasos para que sucedan cosas buenas

- Los Secretos de los millonarios

- Caminando con Cristo

- Plantar, Regar y Esperar en Dios

- Evangelismo- Un Viaje Espiritual

- Cómo ser autodidacta

- Ser positivo: Cómo ser más productivo y exitoso

Gracias, para ayudarte en tus proyectos digitales, contáctame: paguero02@gmail.com

NADA
GRANDE
SE LOGRA
SOLO
El Camino hacia la Grandeza,
Una Misión Colectiva
Pedro Agüero Vallejo

EN BUSCA DE
SUPERACIÓN
PERSONAL
Salvando Obstáculos
Pedro Agüero Vallejo

CREA
LO QUE
DESEAS
Cómo Gestionar las Emociones Aflictivas;
la Ignorancia, la Pereza y el Miedo.
Encuentra el Camino hacia tu
Transformación Personal
Pedro Agüero Vallejo

MENTALIDAD
SIN
LÍMITES
Desbloqueando el Potencial de tu Mente y
Ampliando Caminos para el Éxito Personal
Pedro Agüero Vallejo

EL
HÁBITO
DE
ESCUCHAR
Cómo el hábito de
escuchar y la Escucha Activa
mejoran tus relaciones
PEDRO AGÜERO VALLEJO

CÓMO ELIMINAR LOS
FRENOS
MENTALES
Estrategias para Superar los
Obstáculos Mentales
Pedro Agüero Vallejo

VAS A
SANAR
7 Pasos para Sanarte
Practica el Perdón, la Fe, la
Compasión, la Resiliencia, el
Autocuidado, la Gratitud y el
Renacimiento Personal
Pedro Agüero Vallejo

EL SÍNDROME
DEL IMPOSTOR
Y CÓMO SUPERARLO
La Batalla Interna:
entre Sentirse Falso y Ser Real
Pasos Concretos para Deshacerse de la
Duda y Abrazar el Éxito
PEDRO AGÜERO VALLEJO

CÓMO
VIVIR
TU
Propósito
Descúbrelo en la Contribución
que Disfrutas Hacer
PEDRO AGÜERO VALLEJO